André Carlos
Delegado de Polícia Civil do Estado do Rio de Janeiro
Professor de Direito Penal da EMERJ
Professor de Direitos Humanos da Academia de Polícia Militar D. João VI

Reis Friede
Desembargador Federal e ex-Membro do Ministério Público
Mestre e Doutor em Direito Público
Palestrante da Escola Superior de Guerra, da Escola de Comando e Estado-Maior
da Aeronáutica e da Escola de Comando e Estado-Maior do Exército

Aspectos Jurídico-Operacionais do
Agente Infiltrado

Freitas Bastos Editora

Copyright © 2014 by André Carlos e Reis Friede

Todos os direitos reservados e protegidos pela Lei 9.610, de 19.2.1998.
É proibida a reprodução total ou parcial, por quaisquer meios, bem como a produção de apostilas, sem autorização prévia, por escrito, da Editora.
Direitos exclusivos da edição e distribuição em língua portuguesa:
Maria Augusta Delgado Livraria Distribuidora e Editora

Editor: *Isaac D. Abulafia*
Capa/Diagramação: *Neilton Lima*
Revisão de Texto: *Jota Teixeira*

DADOS INTERNACIONAIS PARA
CATALOGAÇÃO NA PUBLICAÇÃO (CIP)

C284a

Carlos, André
Aspectos jurídico-operacionais do agente infiltrado / André Carlos, Reis Friede. – Rio de Janeiro : Freitas Bastos, 2014.
148p. ; 23cm.

ISBN 978-85-7987-191-7

1. Crime organizado – Investigação – Brasil. 2. Policiais – Brasil. 3. Direito comparado. I. Friede, Reis II. Título.

CDD- 345.810206

Freitas Bastos Editora
Tel./Fax: (21) 2276-4500
freitasbastos@freitasbastos.com
vendas@freitasbastos.com
www. freitasbastos.com

Apresentação

A obra *Aspectos Jurídico-Operacionais do Agente Infiltrado*, ora apresentada, emerge de uma demanda constatada pelos autores durante o exercício profissional e da atividade docente: a carência de doutrina nacional destinada a analisar o controvertido tema *infiltração policial*, instituto jurídico introduzido no Direito brasileiro através da Lei nº 10.217/01, a qual alterou a Lei nº 9.034/95 (antiga Lei do Crime Organizado). Apesar de tal inserção, carecia o assunto do imprescindível detalhamento legal, o que somente aconteceu por meio da Lei nº 12.850/13, atual Lei do Crime Organizado, que finalmente aclarou o panorama referente à matéria.

Por conseguinte, o presente trabalho centrar-se-á na análise das novas regras pertinentes à infiltração policial, não olvidando, contudo, de apresentar os principais debates travados por ocasião da legislação anterior.

Os autores.

Sumário

Apresentação V
Sumário VII

Capítulo I
Dos Aspectos Históricos da Infiltração Policial no Direito
Brasileiro 01

Capítulo II
Da Constitucionalidade e do Aspecto Ético da Infiltração
Policial 08

Capítulo III
Da Infiltração Policial 16
1. Definição e Natureza Jurídica da Infiltração Policial 16
2. Requisitos Legais da Infiltração Policial 17
   2.1. Natureza da Infração Penal 18
   2.2. Considerações dos Riscos da Infiltração Policial 22
   2.3. Imprescindibilidade da Infiltração Policial 23
   2.4. Representação do Delegado de Polícia ou
   Requerimento do Ministério Público 24
   2.5. Agente Policial 25
   2.6. Infiltração Voluntária 32
   2.7. Autorização Judicial Circunstanciada e Motivada 33
   2.8. Sigilo da Infiltração Policial 36
   2.9. Indícios de Infração Penal Autorizadora da
   Infiltração Policial 37
3. Finalidade da Infiltração Policial 48

4. Prazo da Infiltração Policial 49
5. Infiltração Policial e Outros Meios de Prova 50
6. Relatórios 51
   6.1. Relatório da Atividade de Infiltração Policial 52
   6.2. Relatório Circunstanciado da Infiltração Policial 53

Capítulo IV

Da Operacionalização da Infiltração Policial 55
1. Plano Operacional 55
2. Conteúdo do Plano Operacional 55
   2.1. Seleção do Agente 55
   2.2. Formação e Treinamento 55
   2.3. Estratégias de Infiltração Policial 57
   2.4. Estratégias de Proteção da Identidade do Agente
   Infiltrado 58
   2.5. Criação de Falsa História Cobertura 61
   2.6. Suporte Tecnológico-Operacional 61
3. Estrutura Operacional da Infiltração Policial 62
   3.1. Segmento Interno (ou Infiltração Policial Imediata) 62
   3.2. Segmento Externo (ou Infiltração Policial Mediata) 62
      3.2.1. Equipe de Acompanhamento 63
      3.2.2. Equipe de Análise de Dados 63
      3.2.3. Equipe de Proteção e Resgate 63
      3.2.4. Equipe de Controle 64
4. Coordenação Operacional 64
5. Cessação da Operação de Infiltração Policial 65
   5.1. Cessação Voluntária 65
   5.2. Cessação Urgente 66
   5.3. Cessação por Quebra de Sigilo 67
   5.4. Cessação por Êxito Operacional 67
   5.5. Cessação por Expiração de Prazo 67
   5.6. Cessação por Atuação Desproporcional 67

Capítulo V

Da Responsabilidade Penal do Agente Infiltrado 68
1. Análise da Legislação Anterior 68
2. Análise da Lei nº 12.850/13 73
3. Condutas do Agente Infiltrado e Respectiva Responsabilidade Penal 78
4. Agente Infiltrado *versus* Agente Provocador 83

Capítulo VI

Da Infiltração Policial no Direito Comparado 86
1. Infiltração Policial na Alemanha 86
   1.1. Previsão Legal 86
   1.2. Síntese das Características da Infiltração Policial na Alemanha 87
2. Infiltração Policial na Espanha 88
   2.1. Previsão Legal 88
   2.2. Síntese das Características da Infiltração Policial na Espanha 91
3. Infiltração Policial na França 93
   3.1. Previsão Legal 93
   3.2. Síntese das Características da Infiltração Policial na França 97
4. Infiltração Policial em Portugal 99
   4.1. Previsão Legal 99

Anexo I - Lei nº 12.850, de 2013 103
Anexo II - Lei nº 12.694, de 2012 115
Anexo III - Lei nº 11.343, de 2006 121
Anexo IV - Lei nº 9.034, de 1995 124
Anexo V - Decreto nº 5.687, de 2006 128
Anexo VI - Decreto nº 5.015, de 2004 132
Bibliografia 136

Capítulo I
Dos Aspectos Históricos
da Infiltração Policial no Direito Brasileiro

No Brasil, a legislação pioneira relativa ao tema *infiltração policial* em organização criminosa foi a Lei nº 9.034, de 3 de maio de 1995, conhecida como Lei do Crime Organizado[1], cujo art. 2º, I, em sua redação inaugural, previa os seguintes aspectos vertentes:

> *"Art. 1º Esta lei define e regula meios de prova e procedimentos investigatórios que versarem sobre crime resultante de ações de quadrilha ou bando.*
>
> *Art. 2º Em qualquer fase de persecução criminal que verse sobre ação praticada por organizações criminosas são permitidos, além dos já previstos na lei, os seguintes procedimentos de investigação e formação de provas:*
>
> *I - a infiltração de agentes de polícia especializada em quadrilhas ou bandos, vedada qualquer coparticipação delituosa, exceção feita ao disposto no art. 288 do Decreto-Lei nº 2.848, de 7 de dezembro de 1940 - Código Penal, de cuja ação se preexclui, no caso, a antijuridicidade;*
>
> *(...)."*

Ressalte-se, no entanto, que o art. 2º, I, da referida lei restou vetado pelo Presidente da República, tendo sido, na ocasião, externadas as seguintes razões de veto[2]:

---

[1] Através da Lei nº 9.034/95, apesar de todas as suas deficiências, o legislador brasileiro, em certos aspectos, pretendeu dotar o país de instrumentos legais capazes de fazer frente à criminalidade organizada, fenômeno que, segundo SMANIO (2012, p. 206), "(...) dissemina a corrupção, o tráfico de drogas, armas e seres humanos, a lavagem de dinheiro, a sonegação fiscal, a violência, a intimidação, violando as pessoas e as comunidades, atingindo fundamentos do Estado Democrático de Direito."

[2] Disponível em: http://www.planalto.gov.br/ccivil_03/leis/Mensagem_Veto/anterior_98 /VEP-LEI-9034-1995.pdf. Acesso em: 27 nov. 2013.

"O inciso I do art. 2º, nos termos em que foi aprovado, contraria o interesse público, uma vez que permite que o agente policial, independentemente de autorização do Poder Judiciário, se infiltre em quadrilhas ou bandos para a investigação de crime organizado.

Essa redação, como se pode observar, difere da original, fruto dos estudos elaborados por uma subcomissão, presidida pelo deputado Miro Teixeira, que tinha como relator o deputado Michel Temer, criada no âmbito do Comissão de Constituição e Justiça e Redação, que, de forma mais apropriada, condicionava a infiltração de agentes de polícia especializada em organização criminosa à prévia autorização judicial.

Além do mais, deve-se salientar que o dispositivo em exame concede expressa autorização legal para que o agente infiltrado cometa crime, preexcluída, no caso, a antijuridicidade, o que afronta os princípios adotados pela sistemática do Código Penal.

Em assim sendo, parece-nos que o inciso I do art. 2º deve merecer o veto do Excelentíssimo Senhor Presidente da República, nos termos do art. 66, § 1º, da Constituição Federal, ressaltando, contudo, que este Ministério, posteriormente, encaminhará proposta regulamentando a matéria constante do dispositivo acima mencionado."

Realmente, o art. 8º do Projeto de Lei (PL) nº 3.516/89[3], de autoria do então deputado Michel Temer, do qual se originou a Lei nº 9.034/95, efetivamente sujeitava a infiltração policial à autorização judicial:

"Art. 8º. A infiltração de agentes de polícia especializada em organização criminosa, para investigação do crime organizado, será solicitada pela autoridade policial ao juiz competente, que autorizará desde que haja suficientes indícios da prática ou da tentativa das infrações penais presentes nesta Lei e a providência for absolutamente indispensável à apuração ou à assecuração das provas, dando ciência ao Ministério Público."

Ocorre que a necessária autorização judicial para a operação de infiltração policial constava apenas do art. 8º (previsto topograficamente no capítulo V do PL), cuja supressão acabou por comprometer a redação final do art. 2º, I, da Lei nº 9.034/95.

---

3 Disponível em: http://imagem.camara.gov.br/Imagem/d/pdf/DCD19SET1989.pdf#page=67. Acesso em: 8 nov. 2013.

Analisando o referido veto presidencial, e concordando com a respectiva motivação, GOMES e CERVINI (1997, p. 114) aduziram, na ocasião, o seguinte:

"Esse dispositivo foi vetado pelo Presidente da República e, desse modo, não se transformou em lei. De qualquer modo, pouco poderíamos esperar desse meio de investigação, visto que jamais seria possível autorizar o infiltrado a cometer crimes. (...). A lei, por seu turno, não pode admitir a não punição de qualquer crime que venha a ser praticado pelo infiltrado. Em conclusão, pouca eficácia seria de se esperar de tal meio investigatório, que acabou, por essas e outras razões, sendo vetado."

Posteriormente, em 11 de abril de 2001, foi editada a Lei nº 10.217, cujo objetivo foi exatamente alterar os arts. 1º e 2º da Lei nº 9.034/95, introduzindo, finalmente, no cenário jurídico nacional, o instituto da infiltração policial, nos seguintes moldes:

"Art. 1º Esta Lei define e regula meios de prova e procedimentos investigatórios que versem sobre ilícitos decorrentes de ações praticadas por quadrilha ou bando ou organizações ou associações criminosas de qualquer tipo.

Art. 2º Em qualquer fase de persecução criminal são permitidos, sem prejuízo dos já previstos em lei, os seguintes procedimentos de investigação e formação de provas:

(...).

V – infiltração por agentes de polícia ou de inteligência, em tarefas de investigação, constituída pelos órgãos especializados pertinentes, mediante circunstanciada autorização judicial.

Parágrafo único. A autorização judicial será estritamente sigilosa e permanecerá nesta condição enquanto perdurar a infiltração."

Verifica-se, pois, que a Lei nº 10.217/01 limitou-se a duas providências: alterou o *caput* dos arts 1º e 2º da Lei nº 9.034/95, bem como inseriu os incisos IV e V e um parágrafo no art. 2º. Com efeito, a introdução da figura do agente infiltrado no Direito pátrio somente ocorreu, efetivamente, com o advento da Lei nº 10.217/01, diploma legal que, corrigindo o problema que ensejou o veto presidencial que recaiu sobre o art. 2º, I, da Lei nº 9.034/95, passou a prever que a infiltração policial somente se operaria mediante autorização judicial, exigência importante para o devido controle da medida.

Cumpre registrar que, além da Lei nº 9.034/95 (com a redação dada pela Lei nº 10.217/01), a infiltração policial também foi contemplada pela Lei nº 10.409[4], de 11 de janeiro de 2002, cujo art. 33, I, estabelecia o seguinte:

> *"Art. 33. Em qualquer fase da persecução criminal relativa aos crimes previstos nesta Lei, são permitidos, além dos previstos na Lei nº 9.034, de 3 de maio de 1995, mediante autorização judicial, e ouvido o representante do Ministério Público, os seguintes procedimentos investigatórios:*
>
> *I – infiltração de policiais em quadrilhas, grupos, organizações ou bandos, com o objetivo de colher informações sobre operações ilícitas desenvolvidas no âmbito dessas associações;*
>
> *(...)."*

A Lei nº 10.409/02, entretanto, acabou sendo revogada pela Lei nº 11.343, de 23 de agosto de 2006, atual Lei de Drogas[5], cujo texto também acolheu a infiltração policial como meio de investigação:

> *"Art. 53. Em qualquer fase da persecução criminal relativa aos crimes previstos nesta Lei, são permitidos, além dos previstos em lei, mediante autorização judicial e ouvido o Ministério Público, os seguintes procedimentos investigatórios:*
>
> *I - a infiltração por agentes de polícia, em tarefas de investigação, constituída pelos órgãos especializados pertinentes;*
>
> *(...)."*

Da detida leitura dos dispositivos legais transcritos, nota-se, destarte, um importante aspecto comum: em todos eles não houve qualquer detalhamento sobre o procedimento inerente à infiltração policial. Diante de tal ausência de regramento, logo surgiram as mais diversas

---

4 A Lei nº 10.409/02, ora revogada, dispunha sobre a prevenção, o tratamento, a fiscalização, o controle e a repressão à produção, ao uso e ao tráfico ilícitos de produtos, substâncias ou drogas ilícitas que causem dependência física ou psíquica, assim elencados pelo Ministério da Saúde, e dava outras providências.

5 A Lei nº 11.343/06 institui o Sistema Nacional de Políticas Públicas sobre Drogas - Sisnad; prescreve medidas para prevenção do uso indevido, atenção e reinserção social de usuários e dependentes de drogas; estabelece normas para repressão à produção não autorizada e ao tráfico ilícito de drogas; define crimes e dá outras providências.

questões a respeito da aplicabilidade imediata da regra prevista no art. 2º, V, da Lei nº 9.034/95, bem como quanto à eventual responsabilidade penal do agente infiltrado, dentre outros aspectos que não foram disciplinados pelo legislador.

GOMES *et al* (2011, p. 284), analisando o art. 53, I, da Lei nº 11.343/06, afirmam que tal quadro lacunoso compromete a eficácia do dispositivo em tela e, por extensão, do art. 2º, V, da Lei nº 9.034/95:

"A infiltração policial (undercover) foi disciplinada, mais uma vez, de modo muito lacunoso. Muitos são os dispositivos legais, no estrangeiro, que cuidam do assunto. O primeiro problema que se apresenta é o seguinte: quais crimes o infiltrado está autorizado a praticar? Toda pessoa que se apresenta ao crime organizado submete-se a ordens e é compelido a praticar alguns crimes. O infiltrado estaria isento de qualquer pena nesse caso? Quais crimes ele poderia praticar sem ter problemas legais? O infiltrado deve mudar sua identidade, a de sua família, etc. Quando descoberto é aposentado compulsoriamente. Nada disso foi regulado na nova lei. A eficácia do instituto está seriamente comprometida. Vejamos sua eficiência. O tempo dirá se esse meio investigativo é realmente útil."

Mesmo inexistindo qualquer regulamentação, o entendimento doutrinário predominante, todavia, acabou por se inclinar no sentido da defesa quanto à perfeita aplicabilidade da norma insculpida no art. 2º, V, da Lei nº 9.034/95, com a redação conferida pela Lei nº 10.217/01.

Neste sentido, o posicionamento doutrinário de JESUS e BECHARA (2005):

"Apesar da redação lacunosa da lei que introduziu a figura do agente infiltrado, não há necessidade de regulamentação dela por meio de outra espécie normativa. A principal exigência para sua aplicação, que constitui o standard *mínimo para o deferimento da medida, está expressamente reconhecida. Assim, há as exigências de se tratar de associação criminosa e de decisão judicial fundamentada. Não se fez qualquer alusão quanto ao procedimento ou ao prazo da medida. É possível, contudo, afirmar a intencionalidade dessa omissão legislativa, uma vez que a determinação do prazo deve se orientar pela necessidade do caso concreto e pelo bom senso e responsabilidade do juiz. Por outro lado, a iniciativa de provocação é do Ministério Público e da autoridade policial. Por se tratar de uma providência indiscutivelmente de caráter cautelar, o pedido deve ser*

autuado em apartado, mantido o absoluto e irrestrito sigilo ao longo da infiltração."

Ao nosso ver, seguindo a lição de JESUS e BECHARA (2005), tal carência de pormenorização não poderia mesmo afastar o manejo da infiltração policial, considerando os seguintes argumentos:

a) A Lei nº 10.217/01, ao exigir circunstanciada autorização judicial, supriu a principal deficiência que motivou o veto presidencial.

b) O fato de não ter havido (na Lei nº 10.217/01) qualquer referência ao procedimento da infiltração policial, ao prazo de duração e a outros pormenores também não poderia afastar a sua imediata incidência, tendo em vista a possibilidade de se aplicar, analogicamente[6], outras regras previstas no ordenamento jurídico nacional, tal como a Lei nº 9.296, de 24 de julho de 1996, que versa sobre a interceptação das comunicações telefônicas, de qualquer natureza, para prova em investigação criminal e em instrução processual penal. Concordando com a possibilidade de se aplicar, por analogia, a Lei nº 9.296/96, CONSERINO (2011, p. 85) e CAMILO (2012, p. 296).

O Congresso Nacional, atento aos reclames por uma legislação mais condizente com a realidade criminosa atual, em boa hora editou a Lei nº 12.850[7], de 2 de agosto de 2013, nova Lei do Crime Organizado, cujo nível de detalhamento quanto à infiltração policial, como veremos nos capítulos seguintes, é reconhecidamente maior em relação ao previsto na Lei nº 9.034/95.

Oportuno trazer à colação um dado histórico pertinente à proposição que originou a nova Lei do Crime Organizado. O processo legislativo referente à Lei nº 12.850/13 foi deflagrado no Senado Federal (Projeto de Lei do Senado - PLS nº 150, de autoria da então senadora Serys Slhessarenko), em 23 de maio de 2006, tendo como relator, na ocasião, o então senador Aloizio Mercadante. Da análise do citado PLS verifica-se que a infiltração policial não fora concebida na proposta inicialmente

---

6   Dispõe o Decreto-Lei nº 4.657, de 4 de setembro de 1942 (Lei de Introdução às Normas do Direito Brasileiro):
"Art. 4º. Quando a lei for omissa, o juiz decidirá o caso de acordo com a analogia, os costumes e os princípios gerais de direito."

7   A Lei nº 12.850/13 define organização criminosa e dispõe sobre a investigação criminal, os meios de obtenção da prova, infrações penais correlatas e o procedimento criminal; altera o Decreto-Lei nº 2.848, de 7 de dezembro de 1940 (Código Penal); revoga a Lei nº 9.034, de 3 de maio de 1995; e dá outras providências.

apresentada, tendo sido inserida durante a tramitação no Congresso Nacional.

Assim, finalmente, a Lei n° 12.850/13 aclarou o panorama referente à infiltração policial, cuja imprecisão, como relatado alhures, possibilitava toda uma sorte de interpretações, pondo em risco, até mesmo, o princípio da segurança jurídica.

Por efeito conseguinte, o presente trabalho centrar-se-á na análise das novas regras pertinentes à infiltração policial, nos termos da nova lei, não olvidando, contudo, de apresentar os principais debates travados por ocasião da legislação anterior.

Capítulo II
Da Constitucionalidade e do Aspecto Ético da Infiltração Policial

Questão fundamental a ser enfrentada pela doutrina reside em saber se o manejo da infiltração policial, por parte do Estado, afronta princípios éticos e viola direitos fundamentais, ou, ao reverso, justifica-se, sobremaneira, diante da complexidade inerente à criminalidade organizada.

Parte da doutrina, ainda analisando a legislação anterior, manifesta-se pela inconstitucionalidade do antigo art. 2º, V, da Lei nº 9.034/95, tendo em vista a completa ausência de detalhamento da infiltração policial (e respectivas consequências jurídicas).

Afirma-se, outrossim, que a regra em tela seria ilegítima, desarrazoada e desprocional diante das premissas de um Estado Democrático de Direito, cujos contornos impõem ao ente estatal o dever de pautar a sua conduta segundo as assertivas restritivas do próprio Direito. Nega-se, por meio deste viés analítico, qualquer possibilidade de o Estado concorrer para a prática delitiva através da infiltração de agentes policiais.

BRITO (2012, p. 272-273), por exemplo, mostra-se claramente contrário à infiltração policial, asseverando que as desvantagens decorrentes do instituto são muito maiores do que as possíveis vantagens, aspecto que deslegitimaria a atuação estatal infiltrada.

Da mesma forma, FRANCO (2001, p. 583) questiona o aspecto ético da infiltração policial:

"(...) o agente infiltrado se vê, não raro, na contingência de praticar fatos também criminosos e quase sempre ações de duvidosa eticidade. É de indagar-se, então, se, em nome da eficiência do sistema punitivo, guarda legitimidade o juízo criminal que se apoia na atuação de agente infiltrado, ou melhor, se, em nome dessa mesma eficiência, deva reconhecer-se, como racional e justo, que, próprio Estado em vez de exercer a função de prevenção penal, pratique atos desviados, igualando-se ao criminoso."

PACHECO (2007, p. 109-110), dissertando sobre o mesmo problema, leciona nos seguintes termos:

"(...) é o cíclico retorno do dilema ético, da velha discussão sobre meios e fins, na qual o Estado, neste caso, ao fazer uso da infiltração policial sob a égide de elucidar e evitar crimes, ainda que não deseje, se arrisca a praticá-los."

Segundo MONTOYA (2001, p. 310), tal técnica especial de investigação afigura-se imoral, tendo em vista que se fundamenta não somente em mecanismos mentirosos, mas ainda violadores de direitos fundamentais (a privacidade do investigado, por exemplo), o que não se pode admitir de nenhuma forma em um Estado Democrático de Direito.

PRADO, GOMES e DOUGLAS (2000, p. 62), focando a legislação anterior, afirmam que:

"(...) a infiltração constitui medida inaceitável, não apenas porque é possível dispor de meios mais eficientes e menos perigosos, como ainda em virtude de questões éticas, por conta das quais o Estado não pode sequer virtualmente cometer crimes a título de controlá-los."

Diante desse quadro doutrinário desfavorável à infiltração policial, não nos impressiona que a então senadora Serys Slhessarenko, ao apresentar, em 23 de maio de 2006, o PLS n° 150/06 (e respectiva justificativa[8]), tenha pretendido suprimir a figura do agente infiltrado do Direito brasileiro, justamente por entendê-la inconstitucional:

"A proposta não hesita, ainda, em suprimir o instituto da 'infiltração policial' do Direito brasileiro (art. 2°, V, da Lei n° 9.034, de 3 de maio de 1995), porque viola o patamar ético-legal do Estado Democrático de Direito, sendo inconcebível que o Estado-Administração, regido que é pelos princípios da legalidade e da moralidade (art. 37, caput, da CF), admita e determine que seus membros (agentes policiais) pratiquem, como coautores ou partícipes, atos criminosos, sob o pretexto da formação da prova. Se assim fosse, estaríamos admitindo que o próprio Estado colaborasse, por um momento que seja, com a organização criminosa na execução de suas tarefas, o que inclui até mesmo a prática de crimes hediondos. Muito melhor será que o

---

8 Disponível em: http://www.senado.gov.br/atividade/materia/getPDF.asp?t=45738&-tp=1. Acesso em: 08 nov. 2013.

Estado-Administração, localizando uma organização criminosa, ao invés de infiltrar nela seus agentes, debele essa organização, seja de forma imediata ou retardada (através de ação controlada).

Não bastassem as razões constitucionais, éticas, legais e lógicas já destacadas, ainda é possível opor outros argumentos de ordem prática contra a 'infiltração de agentes'. A situação mais grave será o desrespeito a qualquer limite jurisdicional imposto à atuação dos agentes infiltrados. Imagine-se, por exemplo, quando o agente infiltrado estiver na presença de criminosos e lhe for ordenada a prática de um crime (v.g., o homicídio de um traficante preso pela organização rival). Nessa situação, o agente não terá como escolher entre cometer e não cometer o crime (limite imposto judicialmente), pois, se não obedecer aos integrantes da organização, poderá simplesmente ser executado. É isso que o Estado pretende de seus agentes? É isso que podemos esperar de um Estado Democrático de Direito? É isso que podemos denominar por 'moralidade pública'?"

Para demonstrar como a controvérsia doutrinária relativa à constitucionalidade da infiltração policial efetivamente permeou os trabalhos legislativos pertinentes à Lei nº 12.850/13, cumpre transcrever trecho do parecer[9] proferido pelo então senador Aloizio Mercadante quanto ao PLS nº 150/06:

"Ratifico, após muito refletir, minha posição favorável à manutenção do instituto da 'infiltração policial'. Durante os debates, tornaram-se evidentes as resistências a esse recurso de investigação. A própria autora, senadora Serys Slhessarenko, ao justificar a proposição, defendera a supressão do inciso V do art. 2º, da Lei nº 9.034, de 3 de maio de 1995, acrescentado pela Lei nº 10.217, de 2001 (...).

Mais ainda tenho a mencionar como motivo de preocupação em torno dessa questão. A senadora Serys Slhessarenko e o senador Romeu Tuma chamaram a atenção, em especial, para o problema da segurança pessoal do agente policial infiltrado que se apresente recalcitrante quando instado a praticar determinada ação delituosa por membros da organização criminosa.

Observo, inicialmente, em face das alegações de inconstitucionalidade, que o inciso V do art. 2º da Lei nº 9.034, de 1995, não foi,

---

9 Disponível em: http://legis.senado.leg.br/mateweb/arquivos/mate-pdf/69368.pdf. Acesso em: 08 nov. 2013.

até o presente momento, objeto de qualquer impugnação, em sede de controle concentrado de constitucionalidade, perante o Supremo Tribunal Federal, mesmo já tendo sido o referido diploma legal submetido ao crivo da revisão judicial pela Suprema Corte (v. ADI n° 1.570, de 2004).

A infiltração policial também está prevista no art. 53, inciso I, da Lei n° 11.343, de 2006, cuja constitucionalidade segue irretocável."

Em nosso modo de ver, tal medida extrema, sempre encarada de modo excepcional, encontra inconteste amparo no Texto Constitucional, tendo em vista alguns importantes argumentos que merecem ser registrados e comentados com o necessário rigor técnico-jurídico e absoluta isenção. Sobre esta ótica analítica, cumpre destacar que o Supremo Tribunal Federal, por diversas vezes[10], manifestou entendimento segundo o qual não existe um genuíno "direito fundamental absoluto", devendo haver, diante do caso concreto, segundo a melhor regra de hermenêutica, o que a doutrina convencionou chamar de relativização interpretativa dos direitos constitucionais. No caso em epígrafe, não há como, pois, deixar de reconhecer a sinérgica importância da infiltração

---

10 STF, Segunda Turma, HC n° 93.250/MS, rel. Min. Ellen Gracie, julgado em 10.06.2008: PROCESSO PENAL. PRISÃO CAUTELAR. EXCESSO DE PRAZO. CRITÉRIO DA RAZOABILIDADE. INÉPCIA DA DENÚNCIA. AUSÊNCIA DE JUSTA CAUSA. INOCORRÊNCIA. INDIVIDUALIZAÇÃO DE CONDUTA. VALORAÇÃO DE PROVA. IMPOSSIBILIDADE EM *HABEAS CORPUS*. 1. Caso a natureza da prisão dos pacientes fosse a de prisão preventiva, não haveria dúvida acerca do direito à liberdade em razão do reconhecimento do arbítrio na prisão - hipótese clara de relaxamento da prisão em flagrante. Contudo, não foi o que ocorreu. 2. A jurisprudência é pacífica na admissão de relaxamento da prisão em flagrante e, simultaneamente, do decreto de prisão preventiva, situação que em tudo se assemelha à presente hipótese, motivo pelo qual improcede o argumento de que há ilegalidade da prisão dos pacientes. 3. Na denúncia, houve expressa narração dos fatos relacionados à prática de dois latrocínios (CP, art. 157, § 3°), duas ocultações de cadáveres (CP, art. 211), formação de quadrilha (CP, art. 288), adulteração de sinal identificador de veículo motor (CP, art. 311) e corrupção de menores (Lei n° 2.252/54, art. 1°). 4. Na via estreita do *habeas corpus*, não há fase de produção de prova, sendo defeso ao Supremo Tribunal Federal adentrar na valoração do material probante já realizado. A denúncia atende aos requisitos do art. 41, do Código de Processo Penal, não havendo a incidência de qualquer uma das hipóteses do art. 43, do CPP. 5. Somente admite-se o trancamento da ação penal em razão de suposta inépcia da denúncia, em sede de *habeas corpus*, quando houver clara constatação de ausência de justa causa ou falta de descrição de conduta que, em tese, configura crime. Não é a hipótese, eis que houve individualização das condutas dos pacientes, bem como dos demais denunciados. 6. Na contemporaneidade, não se reconhece a presença de direitos absolutos, mesmo de estatura de direitos fundamentais previstos no art. 5°, da Constituição Federal, e em textos de Tratados e Convenções Internacionais em matéria de direitos humanos. Os critérios e métodos da razoabilidade e da proporcionalidade se afiguram fundamentais neste contexto, de modo a não permitir que haja prevalência de determinado direito ou interesse sobre outro de igual ou maior estatura jurídico-valorativa. 7. Ordem denegada.

policial, amplamente justificada pelo interesse coletivo[11] prevalente, em face da reconhecida complexidade (e alcance) da máquina criminosa organizada a ser reprimida, cujas ações delituosas demandam, à luz do princípio constitucional da eficiência (art. 37, *caput*, da CRFB), tratamento mais rigoroso, - e igualmente protetivo em favor do bem-estar da sociedade organizada -, sob o ponto de vista não somente constitucional, mas também legal.

Ademais, não podemos olvidar que a operação de infiltração policial passa, necessariamente, por um rigoroso controle judicial, que estabelecerá, com base nos rígidos parâmetros legais, os limites que balizarão a conduta do agente infiltrado, tudo em reconhecida homenagem ao Estado Democrático de Direito, um dos alicerces da República Federativa do Brasil (art. 1º da CRFB).

PACHECO (2007, p. 117), neste particular, com maestria, destaca que o Tribunal Europeu de Direitos Humanos, analisando o art. 8º do Convênio Europeu de Direitos Humanos, de 1950, justificou a ingerência estatal na privacidade do cidadão, desde que três requisitos estejam concomitantemente presentes na excepcional ordem, a saber:

a) A interferência esteja devidamente estabelecida em lei.

b) A finalidade (no caso, o combate ao crime organizado, que tantos males causam à sociedade) esteja legitimada.

c) O manejo desse meio de investigação seja imprescindível para se atingir o fim almejado.

BALTAZAR JUNIOR (2010, p. 242), justificando a adoção de técnicas especiais de investigação, tal como a infiltração policial, aduz que:

"Coloca-se, então, como necessária, face ao perigo do crime organizado, a adoção de novas bases no processo penal, que contemplem a adoção de técnicas especiais de investigação, a possibilidade da utilização de meios de inteligência na fase da investigação criminal, a proteção de testemunhas, vítimas e réus colaboradores, a adoção de soluções negociadas e a busca da prevenção. Acredito que essa modificação nas bases do processo penal não significará erosão dos direitos individuais, mas que será possível a adoção de tais medidas dentro do marco constitucional e com obediência ao princípio da ampla defesa."

---
11 CAMILO (2012, p. 295) recorda-nos que, em situações específicas, o interesse coletivo há de prevalecer sobre o individual, notamente quando o objetivo é coibir o crime organizado, proporcionando segurança a todos.

Na doutrina estrangeira, MELIÁ e BARBOSA (2008, p. 90) manifestam-se absolutamente favoráveis à figura do agente infiltrado:

"El agente encubierto es una de las medidas de mayor eficacia en la lucha contra la criminalidad organizada, es un instrumento caracterizado por la infiltración de miembros de las fuerzas de seguridad em las organizaciones criminales, quienes ocultan su autentica identidad con el proposito de detectar y perseguir delitos. Del mismo modo, este tipo de medidas buscan la verificación de ideólogos y dirigentes de tales organizaciones."

Registre-se, ainda, de modo a justificar a previsão legal relativa à infiltração policial, que o crime organizado, diante do indiscutível poder que ostenta, constitui-se num verdadeiro entrave ao direito constitucional à segurança (art. 5º, *caput*, da CRFB), devendo o Estado, nos termos do art. 144, *caput*, da Carta da República, garanti-lo na sua plenitude, uma vez que a prestação estatal insuficiente acaba por gerar sentimento de insegurança, impedindo, ou pelo menos dificultando, o livre exercício de diversos direitos constitucionais, tais como o direito à vida, à propriedade, à liberdade e à privacidade, dentre outros. Basta mencionar, por exemplo, o conhecido "toque de recolher" imposto pelo narcotráfico em determinadas cidades do País.

Justificando a existência de uma legislação destinada à repressão da criminalidade organizada, SMANIO (2012, p. 208) assevera que o combate ao crime organizado encontra-se inserto entre as garantias devidas ao cidadão pela Teoria Geral do Direito Penal Democrático.

O próprio Supremo Tribunal Federal (Primeira Turma, HC nº 87.310/SP, rel. Min. Carlos Britto, julgamento em 08.08.2006), inclusive, manifestou-se quanto ao dever do Estado de prover a tão desejada segurança pública, conforme se depreende do julgado abaixo, cuja ementa transcreve-se:

"HABEAS CORPUS. ALEGAÇÃO DE AUSÊNCIA DE JUSTA CAUSA PARA INSTAURAÇÃO DE INQUÉRITO POLICIAL PARA APURAÇÃO DE LAVAGEM DE DINHEIRO. ATIPICIDADE DOS FATOS. IMPROCEDÊNCIA. 1. A jurisprudência do Supremo Tribunal Federal é firme no sentido de só admitir o trancamento de ação penal e de inquérito policial em situações excepcionais. Situações que se reportem a conduta não constitutiva de crime em tese, ou quando já estiver extinta a punibilidade, ou ainda, se inocorrentes

indícios mínimos da autoria. Precedente: HC 84.232-AgR. 2. Todo inquérito policial é modalidade de investigação que tem seu regime jurídico traçado a partir da Constituição Federal, mecanismo que é das atividades genuinamente estatais de 'segurança pública'. Segurança que, voltada para a preservação dos superiores bens jurídicos da ordem pública e da incolumidade das pessoas e do patrimônio, é constitutiva de explícito 'dever do Estado, direito e responsabilidade de todos' (art. 144, cabeça, da C.F.). O que já patenteia a excepcionalidade de toda medida judicial que tenha por objeto o trancamento de inquérito policial. Habeas corpus indeferido."

Cabe registrar, entretanto, e a fim de evitar conclusões distorcidas, que não estamos a defender o emprego indiscriminado da infiltração policial enquanto meio de prova (art. 3º, VII, da Lei nº 12.850/13). Muito pelo contrário, resta evidente que a sua utilização deve se revestir do inafastável caráter da excepcionalidade, sob pena de ser a mesma completamente desviada de seus nobres propósitos, para, por fim, acabar por violar direitos fundamentais. Mas tal requisito, bem como sua inexorável imprescindibilidade, o próprio Estado brasileiro já logrou demonstrar, como se infere da simples leitura do texto ínsito no art. 11 da Lei nº 12.850/13:

"Art. 11. O requerimento do Ministério Público ou a representação do delegado de polícia para a infiltração de agentes conterão a demonstração da necessidade da medida, o alcance das tarefas dos agentes e, quando possível, os nomes ou apelidos das pessoas investigadas e o local da infiltração."

Destarte, com amparo no Texto Constitucional, como bem ainda com fundamento em diversos tratados internacionais[12], entendemos, portanto, absolutamente constitucional a figura jurídica da infiltração policial, desde que comprovadamente indispensável à sua finalidade preci-

---

12 Além da previsão constitucional (art. 144, caput, da CRFB), o direito à segurança encontra, ainda, referência em vários textos jurídicos internacionais, tais como:

a) No artigo III da Declaração Universal dos Direitos Humanos, de 1948: toda pessoa tem direito à vida, à liberdade e à segurança pessoal.

b) No artigo 9, 1, do Pacto Internacional Sobre Direitos Civis e Políticos, de 1966, aprovado pelo Decreto Legislativo nº 226, de 1991, e promulgado pelo Decreto nº 592, de 1992: toda pessoa tem direito à liberdade e a segurança pessoais.

c) No artigo 7, 1, da Convenção Americana sobre Direitos Humanos (Pacto de San José da Costa Rica), de 1969, aprovado pelo Decreto Legislativo nº 27, de 1992, e promulgado pelo Decreto nº 678, de 1992: toda pessoa tem direito à liberdade e a segurança pessoais.

pua, e mantida, por derradeiro, sob rigoroso e contínuo controle judicial, notadamente em virtude do caráter complexo e excepcional da medida.

Enfim, conforme leciona SILVA (2003, p. 90), é preciso encontrar um ponto de equilíbrio entre os interesses estatais e os princípios que orientam o Estado Democrático de Direito.

Capítulo III
Da Infiltração Policial

1. Definição e Natureza Jurídica da Infiltração Policial:

A infiltração policial, enquanto meio de prova[13] (art. 3º, VII, da Lei nº 12.850/13), caracteriza-se por sua própria complexidade jurídico-operacional, considerando, ainda, tratar-se de uma técnica especial de investigação[14] através da qual um agente policial, devidamente selecionado e treinado para a tarefa, ocultando a verdadeira identidade, e utilizando outra a ser fornecida pelo Estado, é introduzido no âmbito de uma organização criminosa e, conquistada a confiança dos verdadeiros membros, passa a atuar com o fim de obter provas a respeito das atividades delituosas praticadas, objetivando, com isso, desmantelá-la.

O referido desmantelamento da organização criminosa, de um modo geral, deve compreender, pelo menos, alguns aspectos relevantes, a saber:

a) Identificação e prisão dos criminosos, inclusive de eventuais agentes públicos participantes do esquema delituoso.

b) Identificação das fontes de renda da máquina criminosa.

c) Identificação de eventuais pessoas jurídicas utilizadas para encobrir atividades delituosas perpetradas pela organização.

---
13 Segundo NUCCI (2013, p. 75):
"A natureza jurídica da infiltração de agentes é um meio de prova misto, envolvendo a busca e a testemunha, visto que o agente infiltrado *busca* provas enquanto conhece a estrutura e as atividades da organização e será ouvido, futuramente, como testemunha."

14 Vide, no Anexo VI, o artigo 20, item 1, da Convenção das Nações Unidas contra o Crime Organizado Transnacional (Convenção de Palermo), adotada em Nova York, em 15 de novembro de 2000, aprovada pelo Congresso Nacional por meio do Decreto Legislativo nº 231, de 29 de maio de 2003, bem como promulgada pelo Decreto nº 5.015, de 12 de março de 2004.

d) Identificação da estrutura estabelecida para proceder à lavagem de capital[15].

e) Identificação (e posterior apreensão) dos bens provenientes, direta ou indiretamente, da prática dos delitos cometidos pela organização.

f) Recuperação de eventuais bens públicos desviados pela organização criminosa, dentre outros aspectos.

2. Requisitos Legais da Infiltração Policial:

Para uma perfeita compreensão do tema, resta fundamental transcrever os dispositivos legais que apontam os requisitos legais necessários para a infiltração policial[16]:

"*Art. 10. A infiltração de agentes de polícia em tarefas de investigação, representada pelo delegado de polícia ou requerida pelo Ministério Público, após manifestação técnica do delegado de polícia quando solicitada no curso de inquérito policial, será precedida de circunstanciada, motivada e sigilosa autorização judicial, que estabelecerá seus limites.*

§ 1º Na hipótese de representação do delegado de polícia, o juiz competente, antes de decidir, ouvirá o Ministério Público.

§ 2º Será admitida a infiltração se houver indícios de infração penal de que trata o art. 1º e se a prova não puder ser produzida por outros meios disponíveis.

§ 3º A infiltração será autorizada pelo prazo de até 6 (seis) meses, sem prejuízo de eventuais renovações, desde que comprovada sua necessidade.

---

15 A Lei nº 9.613, de 3 de março de 1998, Lei de Lavagem de Capitais, dispõe sobre os crimes de "lavagem" ou ocultação de bens, direitos e valores; a prevenção da utilização do sistema financeiro para os ilícitos previstos nesta Lei; cria o Conselho de Controle de Atividades Financeiras - COAF, e dá outras providências.

16 Durante a pesquisa por nós empreendida, verificamos que as linhas gerais da regulamentação do procedimento inerente à infiltração policial foram apresentadas por iniciativa do então senador Aloizio Mercadante, relator do PLS nº 150/06, do qual se originou a Lei nº 12.850/13, conforme se infere do seguinte trecho, extraído do parecer proferido pelo referido parlamentar:
"A inclusão de disciplina sobre infiltração não estava prevista nem na redação original, por opção da Autora, nem no texto consolidado que apresentei, embora esta técnica tenha sido por mim arrolada no art. 3º da versão coligida. Mas, diante da importância da matéria decidi, após a audiência pública, dedicar-lhe uma seção específica, conforme já adiantara."
Parecer disponível em: http://legis.senado.leg.br/mateweb/arquivos/mate-pdf/69368.pdf. Acesso em: 8 nov. 2013.

§ 4º Findo o prazo previsto no § 3º, o relatório circunstanciado será apresentado ao juiz competente, que imediatamente cientificará o Ministério Público.

§ 5º No curso do inquérito policial, o delegado de polícia poderá determinar aos seus agentes, e o Ministério Público poderá requisitar, a qualquer tempo, relatório da atividade de infiltração.

Art. 11. O requerimento do Ministério Público ou a representação do delegado de polícia para a infiltração de agentes conterão a demonstração da necessidade da medida, o alcance das tarefas dos agentes e, quando possível, os nomes ou apelidos das pessoas investigadas e o local da infiltração."

Assim, nos termos da novel legislação, a infiltração policial dependerá do concurso dos seguintes requisitos legais[17]:

2.1. Natureza da Infração Penal:

É importante observar que nem toda infração penal admitirá o manejo da medida excepcional em comento. Nos termos da Lei nº 12.850/13, é necessário que a infiltração policial ocorra em uma organização criminosa, assim considerada a associação de 4 (quatro) ou mais pessoas, estruturalmente ordenada e caracterizada pela divisão de tarefas, ainda que informalmente, com o objetivo de obter, direta ou indiretamente, vantagem de qualquer natureza, mediante a prática de infrações penais cujas penas máximas sejam superiores a 4 (quatro) anos, ou que sejam de caráter transnacional, nos termos da definição prevista no art. 1º, § 1º, da Lei nº 12.850/13.

Da mesma forma, a nova Lei do Crime Organizado também poderá incidir no caso de infrações penais previstas em tratado ou convenção internacional[18] quando, iniciada a execução no País, o resultado tenha ou devesse ter ocorrido no estrangeiro, ou reciprocamente, bem como ser aplicada às organizações terroristas internacionais, reconhecidas segundo as normas de Direito Internacional, por foro do qual o

---

17 NUCCI (2013, p. 76-79), em obra destinada a comentar a nova Lei do Crime Organizado, elenca os seguintes requisitos legais para a infiltração policial: ***a)*** agente policial (federal ou estadual); ***b)*** tarefa de investigação; ***c)*** autorização judicial motivada; ***d)*** indícios de materialidade; ***e)*** subsidiariedade; ***f)*** prazo máximo de 6 (seis) meses, podendo ser prorrogado; ***g)*** relatório circunstanciado; ***h)*** momento oportuno para a infiltração policial (durante o inquérito policial ou a instrução criminal).

18 Como exemplo, o crime de tráfico internacional de pessoas para fins de exploração sexual, previsto no art. 231 do CP.

Brasil faça parte, cujos atos de suporte ao terrorismo, bem como os atos preparatórios[19] ou de execução de atos terroristas, ocorram ou possam ocorrer em território nacional (art. 1º, § 2º, da Lei nº 12.850/13).

Em relação ao *terrorismo*, mencionado na parte final do art. 1º, § 2º, da Lei nº 12.850/13, cabe destacar a divergência doutrinária quanto à sua tipificação na legislação penal brasileira. NUCCI (2013, p. 19) manifesta-se afirmativamente[20], cuja previsão estaria no art. 20 da Lei nº 7.170/83 - Lei de Segurança Nacional:

> *"Art. 20 - Devastar, saquear, extorquir, roubar, sequestrar, manter em cárcere privado, incendiar, depredar, provocar explosão, praticar atentado pessoal ou atos de terrorismo, por inconformismo político ou para obtenção de fundos destinados à manutenção de organizações políticas clandestinas ou subversivas.*
>
> *Pena: reclusão, de 3 (três) a 10 (dez) anos.*
>
> *Parágrafo único - Se do fato resulta lesão corporal grave, a pena aumenta-se até o dobro; se resulta morte, aumenta-se até o triplo."*

De acordo com a redação prevista no art. 1º da Lei nº 12.850/13, podemos extrair as seguintes características indispensáveis para a configuração de uma organização criminosa[21]:

a) Atuação ordenada de 4 (quatro) ou mais pessoas.

---

19 Segundo NUCCI (2013, p. 19), o novo texto legal foge "(...) à regra do art. 14, II, do Código Penal, que, adotando a teoria objetiva, somente concede interesse penal punitivo aos atos executórios."

20 Da mesma opinião compartilham GONÇALVES (2011, p. 12) e CAPEZ (2012, p. 716).

21 Como exemplo típico de organização criminosa, podemos citar as denominadas *milícias*, conforme, inclusive, afirmou o delegado de polícia Cláudio Ferraz, então titular da Delegacia de Repressão às Ações Criminosas Organizadas (DRACO), da Polícia Civil do Estado do Rio de Janeiro, durante depoimento na CPI das Milícias, presidida pelo deputado estadual Marcelo Freixo:
"Para o delegado Cláudio Ferraz, da Delegacia Regional de Ações Criminosas Organizadas (Draco), as milícias se enquadram no conceito internacional de crime organizado. Primeiro, autopadrão organizativo; segundo, a racionalidade do tipo de empresário da corporação criminosa que oferece bens e serviços ilícitos, tais como drogas, prostituição, e vem investindo seus lucros em setores legais da economia; terceiro, a utilização de métodos violentos com a finalidade de ocupar posições proeminentes ou ter o monopólio de mercado, obtenção do lucro máximo sem necessidade de realizar grandes investimentos, redução dos custos e controle da mão de obra; quarto, valer-se da corrupção da força policial e do Poder Judiciário; quinto, estabelecer relações com o poder político; sexto, utilizar a intimidação e o homicídio, seja para neutralizar a aplicação da lei, seja para obter decisões políticas favoráveis ou para atingir seus objetivos."
Disponível em: http://www.marcelofreixo.com.br/site/upload/relatoriofinalportugues.pdf. Acesso em: 27 ago. 2013.

b) Estrutura organizacional dotada de divisão de tarefas, ainda que informalmente estabelecida.

c) Organização voltada para a prática de infrações penais (crimes ou contravenções penais) cujas penas máximas sejam superiores a 4 (quatro) anos.

d) Intuito de obter, direta ou indiretamente, vantagem de qualquer natureza.

Oportuno dizer que a Lei nº 12.850/13, ao empregar a expressão *infrações penais*, pôs fim a uma discussão travada desde a vigência da Lei nº 9.034/95.

CAPEZ (2012, p. 271), em obra editada antes do advento da Lei nº 12.850/13, aduz o seguinte:

"Para nós, embora somente exista quadrilha ou bando para a prática de crimes, conforme redação expressa do art. 288 do CP, nada impede que tal agrupamento, formado para a prática de crimes, também resolva se dedicar ao cometimento de contravenções. Nessa hipótese, as contravenções poderiam ser investigadas de acordo com a Lei do Crime Organizado."

NUCCI (2006, p. 200), na ocasião, entendia que as contravenções penais também poderiam ser investigadas através dos institutos previstos na antiga Lei do Crime Organizado, cujo art. 1º, *caput*, fazia expressa referência ao termo *ilícitos*, englobando, assim, crimes ou contravenções penais.

Em sentido contrário[22], CURY (2012, p. 277), também focando a Lei nº 9.034/95, assevera que:

"Ainda no tocante à definição de crime organizado, em que pese a corrente em sentido contrário, entendemos que o termo não engloba as contravenções penais, mesmo que o art. 1º da Lei nº 9.034/95 trate de 'ilícitos' e não especificamente de crimes, pois visava o legislador alcançar os ilícitos de maior gravidade, conforme se depreende da análise do art. 2º da Convenção das Nações Unidas contra o Crime Organizado Transnacional."

---

22 Da mesma forma, ANDREUCCI (2009, p. 59), invocando o teor da Convenção de Palermo, exclui as contravenções penais do âmbito de abrangência da Lei nº 9.034/95.

A partir de agora, não se discute mais que a nova Lei do Crime Organizado poderá alcançar organizações voltadas para a prática de contravenções penais.

Quanto à previsão contida no art. 1º da Lei nº 12.850/13, cremos importante registrar uma síntese cronológica do debate travado no Congresso Nacional a respeito da definição de organização criminosa, o que passamos a fazer.

Após várias discussões, o Senado Federal, atuando como Casa Iniciadora, aprovou a seguinte redação final[23] (PLS nº 150/06):

> *"Art. 1º Esta Lei define organização criminosa e dispõe sobre a investigação criminal, meios de obtenção de prova, crimes correlatos e procedimento criminal a ser aplicado.*
>
> *§1º Considera-se organização criminosa a associação, de 3 (três) ou mais pessoas, estruturalmente ordenada e caracterizada pela divisão de tarefas, ainda que informalmente, com objetivo de obter, direta ou indiretamente, vantagem de qualquer natureza, mediante a prática de crimes cuja pena máxima seja igual ou superior a 4 (quatro) anos ou que sejam de caráter transnacional.*
>
> *§2º Esta Lei se aplica também aos crimes previstos em tratado ou convenção internacional quando, iniciada a execução no País, o resultado tenha ou devesse ter ocorrido no estrangeiro, ou reciprocamente."*

No entanto, a Câmara dos Deputados, afastando-se do conceito de organização criminosa elaborado pelo Senado Federal, conferiu a seguinte redação ao art. 1º da proposição (PL nº 6.578/09):

> *Art. 1º Esta Lei define organização criminosa e dispõe sobre a investigação criminal, os meios de obtenção da prova, infrações penais correlatas e o procedimento criminal a ser aplicado.*
>
> *§ 1º Considera-se organização criminosa a associação de 4 (quatro) ou mais pessoas estruturalmente ordenada e caracterizada pela divisão de tarefas, ainda que informalmente, com objetivo de obter, direta ou indiretamente, vantagem de qualquer natureza, mediante a prática de infrações penais cujas penas máximas sejam superiores a 4 (quatro) anos, ou que sejam de caráter transnacional.*
>
> *§ 2º Esta Lei se aplica também:*

---

23 Disponível em: http://legis.senado.leg.br/mateweb/arquivos/mate-pdf/70367.pdf. Acesso em: 8 nov. 2013.

I - às infrações penais previstas em tratado ou convenção internacional quando, iniciada a execução no País, o resultado tenha ou devesse ter ocorrido no estrangeiro, ou reciprocamente;

II - às organizações terroristas internacionais, reconhecidas segundo as normas de direito internacional, por foro do qual o Brasil faça parte, cujos atos de suporte ao terrorismo, bem como os atos preparatórios ou de execução de atos terroristas, ocorram ou possam ocorrer em território nacional."

Nota-se, portanto, que a Câmara dos Deputados promoveu alteração no que se refere ao *quantum* mínimo de pessoas necessárias para a definição de organização criminosa, bem como substituiu a espécie (crime) pelo gênero (infração penal).

2.2. Considerações dos Riscos da Infiltração Policial:

Dispõe o art. 12, § 3º, da Lei nº 12.850/13:

"Havendo indícios seguros de que o agente infiltrado sofre risco iminente, a operação será sustada mediante requisição do Ministério Público ou pelo delegado de polícia, dando-se imediata ciência ao Ministério Público e à autoridade judicial."

Da exegese do transcrito dispositivo extrai-se a atenção do legislador quantos aos inegáveis riscos que circundam a operação de infiltração policial. Consequentemente, entendemos pertinente elencar, como um dos requisitos legais, que tais riscos inerentes à medida sejam previamente considerados.

Sobre tal aspecto, o então senador Aloizio Mercadante, no parecer[24] proferido sobre o PLS nº 150/06, consignou que:

"Não custa repetir que esta medida de investigação é uma das mais invasivas e arriscadas; põe em risco a vida ou a integridade física do agente infiltrado e pode dar motivo à responsabilização civil do Estado, tanto pelo agente vir a ser vítima, como pelo fato de o agente poder gerar dano a outrem."

---

24 Disponível em: http://legis.senado.leg.br/mateweb/arquivos/mate-pdf/69368.pdf. Acesso em: 8 nov. 2013.

Apesar do art. 12, § 3º, da Lei nº 12.850/13, referir-se a uma infiltração policial em curso, entendemos pertinente, como requisito legal para a implementação da operação, que o delegado de polícia, o membro do Ministério Público e o magistrado, antes das respectivas atuações (representação, requerimento e deferimento da medida postulada), cogitem a respeito dos riscos inerentes à operação, objetivando minimizá--los ou, se possível, neutralizá-los. Ao nosso ver, trata-se de inquestionável requisito legal, devendo ser previamente analisado, sobretudo pelo magistrado, a quem compete, se for o caso, deferir a infiltração policial.

Por conseguinte, devem o delegado de polícia, o represente do MP, bem como o magistrado atentar para as características da organização criminosa e de seus respectivos membros, verificando, por exemplo, se o grupo criminoso a ser investigado pauta suas ações delituosas pelo emprego de violência contra os próprios integrantes.

Pensando em tais riscos, CARNEIRO (2012, p. 377) chega a considerar temerária a infiltração policial em grupos voltados para a prática de crimes violentos, tais como o tráfico ilícito de drogas e os roubos a banco e de cargas.

Concluindo-se que os riscos extrapolam os níveis aceitáveis, a operação de infiltração policial sequer deverá ser objeto de representação (do delegado de polícia) ou requerimento (do Ministério Público). Caso o seja, não deverá ser autorizada pelo magistrado.

2.3. Imprescindibilidade da Infiltração Policial:

Nos termos do art. 10, § 2º, da Lei nº 12.850/13, a infiltração policial somente será admitida quando concorrerem, simultaneamente, duas diferentes situações, a saber:

a) Quando houver indícios de infração penal de que trata o art. 1º.

b) E desde que a prova não possa ser produzida por outros meios previstos na legislação processual penal. Vale dizer, a infiltração policial deverá ser o único meio possível de obtê-la.

A imprescindibilidade[25], enquanto requisito legal, decorre, em última análise, do fato de ser a medida em tela extremamente invasiva da intimidade do indivíduo.

---

25 SOUZA (2012, p. 246) apresenta três fatores que justificam tal imprescindibilidade inerente à infiltração policial:

Outrossim, forçoso sublinhar que, tendo em vista a complexidade da medida, cumpre ao magistrado exercer rigorosa análise a respeito da sua efetiva necessidade, sob pena de desconsiderar os requisitos legais exigidos, desvirtuando o instituto jurídico em tela, e, mais do que isso, transformando-o numa figura corriqueira, como infelizmente aconteceu com a interceptação das comunicações telefônicas.

Uma estratégia a ser empregada pelo magistrado para subsidiar a tomada de decisão é verificar, nos autos da investigação, se outros meios de prova já foram manejados, tal como a interceptação das comunicações telefônicas, uma vez que não seria minimamente razoável entender como a infiltração policial poderia ser deferida antes mesmo daquela ter sido manobrada.

Assim, não podemos deixar de registrar, em tom de absoluta advertência, e sempre atentando para os limites intransponíveis de um Estado Democrático de Direito, que a infiltração policial, em nenhuma hipótese, poderá perder o inquestionável caráter excepcional do qual se reveste, não podendo, desta feita, transformar-se em algo ordinário.

Neste aspecto, cumpre destacar que as autoridades públicas diretamente envolvidas (magistrado, membro do Ministério Público e delegado de polícia) com a aplicação concreta do instituto jurídico em questão, ao exercerem suas atribuições constitucionais e legais, devem nortear a respectiva atuação sempre com o pensamento voltado para a noção de excepcionalidade subjacente à infiltração policial.

2.4. Representação do Delegado de Polícia ou Requerimento do Ministério Público:

De acordo com o art. 10, *caput*, da Lei nº 12.850/13, a infiltração policial deverá ser pleiteada a partir de representação do delegado de polícia ou requerimento do Ministério Público:

> *"Art. 10. A infiltração de agentes de polícia em tarefas de investigação, representada pelo delegado de polícia ou requerida pelo Ministério Público, após manifestação técnica do delegado de polícia quando solicitada no curso de inquérito policial, será precedida de circunstanciada, motivada e sigilosa autorização judicial, que estabelecerá seus limites.*
> *(...)."*

"O primeiro diz respeito à possível violação de direitos fundamentais do investigado; o segundo diz respeito aos riscos a que ficam expostos os agentes infiltrados e o terceiro, à possibilidade de o agente infiltrado praticar crimes."

De acordo com a Lei nº 12.850/13, na hipótese de representação do delegado de polícia, o juiz competente, antes de decidir, ouvirá o Ministério Público (art. 10, *caput*, e § 1º), previsão extremamente conveniente, de modo a evitar eventual açodamento da autoridade policial. Afinal, como dissemos, trata-se de uma técnica de investigação excepcional, que não poderá de forma alguma ser desvirtuada quanto a *ratio* que a inspirou.

Com efeito, a representação do delegado de polícia deverá conter as informações já obtidas através da investigação desencadeada sobre a organização criminosa, bem como indicar a imprescindibilidade da medida, o alcance das tarefas dos agentes infiltrados e, quando possível, os nomes ou apelidos das pessoas investigadas e o local da infiltração (art. 11 da Lei nº 12.850/13).

Além disso, o delegado de polícia, quando da representação, deverá se manifestar, na mesma ocasião, quanto à viabilidade técnico-operacional da infiltração policial (art. 10, *caput*, da Lei nº 12.850/13).

Quando a medida em questão for requerida pelo Ministério Público no curso do inquérito policial, a nova Lei do Crime Organizado (art. 10, *caput*) demanda prévia manifestação técnica da autoridade policial, providência que nos afigura igualmente salutar, tendo em vista que é o delegado de polícia que efetivamente conduz e conhece a investigação, podendo se exprimir com maior rigor técnico acerca da necessidade, da oportunidade e da conveniência da infiltração policial.

A nova Lei do Crime Organizado, como é possível notar, confere elevada importância à manifestação técnica do delegado de polícia diante de eventual requerimento formulado pelo membro do Ministério Público, certamente por lhe confiar relevante papel na condução de uma possível operação de infiltração policial.

2.5. Agente Policial:

Sobre quem poderá atuar como agente infiltrado[26], PACHECO (2007, p. 109), analisando a questão sob a ótica da Lei nº 9.034/95, assevera que:

---

26 NEISTEN (2006, p. 44) apresenta a seguinte definição de agente infiltrado: "(...) é o membro da polícia que, autorizado por um juiz, oculta sua identidade e se insere, de forma estável, em determinada organização criminosa, na qual ganha confiança de seus membros, por ser aparentado a eles, tendo acesso a informações sigilosas, com a

"*Agente infiltrado é um funcionário da polícia que, falseando sua identidade, penetra no âmago da organização criminosa para obter informações e, dessa forma, desmantelá-la.*"

O conceito trazido por PACHECO não abarca, portanto, aquilo que o Direito espanhol denomina de *agente meramente encubierto*, isto é, o policial que, a fim de investigar determinada infração penal, oculta sua verdadeira condição, não chegando a se infiltrar, todavia, na organização criminosa.

Segundo o art. 10, *caput*, da Lei nº 12.850/13, o agente infiltrado deverá ostentar cargo policial. Embora a lei não mencione expressamente, trata-se de agente de polícia judiciária, ou seja, de um integrante da Polícia Federal ou das Polícias Civis dos Estados e do Distrito Federal, instituições incumbidas de apurar a autoria e materialidade de infrações penais.

A Lei nº 12.850/13 encerrou, em boa hora, a discussão travada sob a égide da Lei nº 9.034/95 (com a redação determinada pela Lei nº 10.217/01), que fazia referência à infiltração não apenas de agentes policiais, mas também de agentes de inteligência[27] (Agência Brasileira de Inteligência - ABIN), previsão que provocava intenso debate doutrinário a respeito da constitucionalidade do art. 2º, V, da Lei nº 9.034/95, quando confrontado com o art. 144 da Constituição da República.

FRANCO (2001, p. 584), por exemplo, afirma que a infiltração de agentes de inteligência, nos termos do art. 2º, V, da Lei nº 9.034/95, é de duvidosa constitucionalidade.

Por sua vez, SOUZA (2012, p. 244), analisando a questão sob a ótica da Lei nº 9.034/95, admite a infiltração de agentes de inteligência.

Embora o debate tenha perdido o objeto, defendemos que a utilização de servidores da ABIN em atividades típicas de polícia judiciária viola o disposto no art. 144 da CRFB, razão pela qual, em nosso

---

finalidade de comprovar eventual cometimento do delito, assegurar fontes de prova e identificar seus autores."
Segundo a mesma autora (2006, p. 44), somente os integrantes da polícia repressiva (polícia judiciária) poderão atuar como agente infiltrado.

27 A redação final do art. 3º, VI, do PLS nº 150/06, tal como aprovada pelo Senado Federal, até previa a infiltração de agentes de inteligência, tendo sido, no entanto, modificada na Câmara dos Deputados, a partir de emenda modificativa apresentada pelo deputado João Campos, cujo teor encontra-se disponível em: http://www.camara.gov.br/proposicoesWeb/prop_mostrarintegra?codteor=895759&filename=EMR+1+CSPCCO+%-3D%3E+PL+6578/2009. Acesso em: 8 nov. 2013.

entendimento, o art. 2°, V, da Lei n° 9.034/95 era, neste particular, reconhecidamente inconstitucional:

"*Art. 144. A segurança pública, dever do Estado, direito e responsabilidade de todos, é exercida para a preservação da ordem pública e da incolumidade das pessoas e do patrimônio, através dos seguintes órgãos:*

I - polícia federal;

II - polícia rodoviária federal;

III - polícia ferroviária federal;

IV - polícias civis;

V - polícias militares e corpos de bombeiros militares.

§ 1° A polícia federal, instituída por lei como órgão permanente, organizado e mantido pela União e estruturado em carreira, destina-se a: (Redação dada pela Emenda Constitucional n° 19, de 1998)

I - apurar infrações penais contra a ordem política e social ou em detrimento de bens, serviços e interesses da União ou de suas entidades autárquicas e empresas públicas, assim como outras infrações cuja prática tenha repercussão interestadual ou internacional e exija repressão uniforme, segundo se dispuser em lei;

II - prevenir e reprimir o tráfico ilícito de entorpecentes e drogas afins, o contrabando e o descaminho, sem prejuízo da ação fazendária e de outros órgãos públicos nas respectivas áreas de competência;

III - exercer as funções de polícia marítima, aeroportuária e de fronteiras; (Redação dada pela Emenda Constitucional n° 19, de 1998)

IV - exercer, com exclusividade, as funções de polícia judiciária da União.

§ 2° A polícia rodoviária federal, órgão permanente, organizado e mantido pela União e estruturado em carreira, destina-se, na forma da lei, ao patrulhamento ostensivo das rodovias federais. (Redação dada pela Emenda Constitucional n° 19, de 1998)

(...).

§ 4° - às polícias civis, dirigidas por delegados de polícia de carreira, incumbem, ressalvada a competência da União, as funções de polícia judiciária e a apuração de infrações penais, exceto as militares.

§ 5° - às polícias militares cabem a polícia ostensiva e a preservação da ordem pública; aos corpos de bombeiros militares, além das

atribuições definidas em lei, incumbe a execução de atividades de defesa civil.

(...)."

Ora, segundo a sistemática constitucional relativa à segurança pública, as atividades de polícia judiciária são inerentes à polícia federal e às polícias civis, motivo pelo não qual não concordamos, desde outrora, com a possibilidade de os agentes da ABIN serem infiltrados em organizações criminosas a fim de exercerem atividades típicas de polícia judiciária. E a razão é bem simples: o art. 1º da Lei nº 9.883, de 7 de dezembro de 1999, diploma legal que instituiu o Sistema Brasileiro de Inteligência, bem como criou a ABIN, confere uma competência restritiva a tal instituição:

> *"Art. 1º Fica instituído o Sistema Brasileiro de Inteligência, que integra as ações de planejamento e execução das atividades de inteligência do País, com a finalidade de fornecer subsídios ao Presidente da República nos assuntos de interesse nacional.*
>
> *§ 1º O Sistema Brasileiro de Inteligência tem como fundamentos a preservação da soberania nacional, a defesa do Estado Democrático de Direito e a dignidade da pessoa humana, devendo ainda cumprir e preservar os direitos e garantias individuais e demais dispositivos da Constituição Federal, os tratados, convenções, acordos e ajustes internacionais em que a República Federativa do Brasil seja parte ou signatário, e a legislação ordinária.*
>
> *§ 2º Para os efeitos de aplicação desta Lei, entende-se como inteligência a atividade que objetiva a obtenção, análise e disseminação de conhecimentos dentro e fora do território nacional sobre fatos e situações de imediata ou potencial influência sobre o processo decisório e a ação governamental e sobre a salvaguarda e a segurança da sociedade e do Estado.*
>
> *§ 3º Entende-se como contrainteligência a atividade que objetiva neutralizar a inteligência adversa."*

Da mesma forma, a corroborar o que ora se afirma, nota-se que o art. 10[28] do Decreto nº 4.376, de 13 de setembro de 2002, que dispõe

---

28 Art. 10. Na condição de órgão central do Sistema Brasileiro de Inteligência, a ABIN tem a seu cargo:

I - estabelecer as necessidades de conhecimentos específicos, a serem produzidos pelos órgãos que constituem o Sistema Brasileiro de Inteligência, e consolidá-las no Plano Nacional de Inteligência;

sobre a organização e o funcionamento do mencionado Sistema Brasileiro de Inteligência, em nenhum momento afirma competir à ABIN tal incumbência.

Não concordamos, portanto, com a posição de MENDRONI (2012, p. 124), para quem a exegese a ser dada ao art. 2º, V, da Lei nº 9.034/95 autoriza a infiltração não apenas de agentes policiais, mas também de servidores da Receita Federal do Brasil, bem como de outros órgãos policiais, tais como as polícias militares (responsáveis pelo policiamento ostensivo geral) ou polícia rodoviária federal (incumbida do patrulhamento ostensivo das rodovias federais).

Para reforçar o entendimento ora defendido, e empreendendo-se uma interpretação sistemática do ordenamento jurídico pátrio, cabe registrar que a Lei nº 10.409/02[29], editada apenas um ano depois da Lei

---

II - coordenar a obtenção de dados e informações e a produção de conhecimentos sobre temas de competência de mais de um membro do Sistema Brasileiro de Inteligência, promovendo a necessária interação entre os envolvidos;

III - acompanhar a produção de conhecimentos, por meio de solicitação aos membros do Sistema Brasileiro de Inteligência, para assegurar o atendimento da finalidade legal do Sistema;

IV - analisar os dados, informações e conhecimentos recebidos, com vistas a verificar o atendimento das necessidades de conhecimentos estabelecidas no Plano Nacional de Inteligência;

V - integrar as informações e os conhecimentos fornecidos pelos membros do Sistema Brasileiro de Inteligência;

VI - solicitar dos órgãos e entidades da Administração Pública Federal os dados, conhecimentos, informações ou documentos necessários ao atendimento da finalidade legal do Sistema;

VII - promover o desenvolvimento de recursos humanos e tecnológicos e da doutrina de inteligência, realizar estudos e pesquisas para o exercício e aprimoramento da atividade de inteligência, em coordenação com os demais órgãos do Sistema Brasileiro de Inteligência;

VIII - prover suporte técnico e administrativo às reuniões do Conselho e ao funcionamento dos grupos de trabalho, solicitando, se preciso, aos órgãos que constituem o Sistema colaboração de servidores por tempo determinado, observadas as normas pertinentes; e

IX - representar o Sistema Brasileiro de Inteligência perante o órgão de controle externo da atividade de inteligência.

Parágrafo único. Excetua-se das atribuições previstas neste artigo a atividade de inteligência operacional necessária ao planejamento e à condução de campanhas e operações militares das Forças Armadas, no interesse da defesa nacional.

29 Art. 33. Em qualquer fase da persecução criminal relativa aos crimes previstos nesta Lei, são permitidos, além dos previstos na Lei nº 9.034, de 3 de maio de 1995, mediante autorização judicial, e ouvido o representante do Ministério Público, os seguintes procedimentos investigatórios:

I – infiltração de policiais em quadrilhas, grupos, organizações ou bandos, com o objetivo de colher informações sobre operações ilícitas desenvolvidas no âmbito dessas associações;

(...).

nº 10.217/01, ao tratar da infiltração policial, não incluiu os agentes de inteligência.

Da mesma forma, a Lei nº 11.343/06, atual Lei de Drogas[30], ao disciplinar a matéria, também não fez qualquer referência aos agentes de inteligência.

Adotando posição contrária a por nós defendida, CONSERINO (2011, p. 88) registra o seguinte:

> "O art. 53, caput, da Lei 11.343/06 descreveu que é possível a infiltração por agentes de polícia em qualquer fase da persecução criminal, sem prejuízo de outros meios previstos em lei, e sem dúvida, nada impede a aplicação do art. 2º, inciso V, da Lei nº 10.217/01 na parte relacionada com a infiltração de agentes de inteligência à Lei de Tóxico quando se tratar de organização criminosa incumbida, pois, da comercialização indevida de entorpecente ou congênere."

Com a devida vênia, discordamos do citado autor, tendo em vista que o legislador de 2006, ao não repetir a expressão *agente de inteligência*, demonstrou conhecer que, constitucionalmente, a ABIN não pode realizar investigações criminais. A propósito, sobre a efetiva impossibilidade de se empregar agentes da ABIN em investigação de tal natureza (e, por conseguinte, em operação de infiltração policial), cumpre registrar o que decidiu o Superior Tribunal de Justiça (Quinta Turma, HC nº 149.250/SP, rel. Min. Adilson Vieira Macabu, julgado em 06.06.2011) quanto à denominada *Operação Satiagraha*, conforme ementa abaixo transcrita:

> "(...). 1.Uma análise detida dos 11 (onze) volumes que compõem o HC demonstra que existe uma grande quantidade de provas aptas a confirmar, cabalmente, a participação indevida, flagrantemente ilegal e abusiva, da ABIN e do investigador particular contratado pelo Delegado responsável pela chefia da Operação Satiagraha.
>
> 2. Não há se falar em compartilhamento de dados entre a ABIN e a polícia federal, haja vista que a hipótese dos autos não se enquadra nas exceções previstas na Lei nº 9.883/99.

---

30 Art. 53. Em qualquer fase da persecução criminal relativa aos crimes previstos nesta Lei, são permitidos, além dos previstos em lei, mediante autorização judicial e ouvido o Ministério Público, os seguintes procedimentos investigatórios:
I - a infiltração por agentes de polícia, em tarefas de investigação, constituída pelos órgãos especializados pertinentes;
(...).

3. Vivemos em um Estado Democrático de Direito, no qual, como nos ensina a Prof.ª Ada Pellegrini Grinover, in 'Nulidades no Processo Penal', 'o direito à prova está limitado, na medida em que constitui as garantias do contraditório e da ampla defesa, de sorte que o seu exercício não pode ultrapassar os limites da lei e, sobretudo, da Constituição.'

4. No caso em exame, é inquestionável o prejuízo acarretado pelas investigações realizadas em desconformidade com as normas legais, e não convalescem, sob qualquer ângulo que seja analisada a questão, porquanto é manifesta a nulidade das diligências perpetradas pelos agentes da ABIN e um ex-agente do SNI, ao arrepio da lei.

5. Insta assinalar, por oportuno, que o juiz deve estrita fidelidade à lei penal, dela não podendo se afastar a não ser que imprudentemente se arrisque a percorrer, de forma isolada, o caminho tortuoso da subjetividade que, não poucas vezes, desemboca na odiosa perda da imparcialidade. Ele não deve, jamais, perder de vista a importância da democracia e do Estado Democrático de Direito.

6. Portanto, inexistem dúvidas de que tais provas estão irremediavelmente maculadas, devendo ser consideradas ilícitas e inadmissíveis, circunstâncias que as tornam destituídas de qualquer eficácia jurídica, consoante entendimento já cristalizado pela doutrina pacífica e lastreado na torrencial jurisprudência dos nossos tribunais.

7. Pelo exposto, concedo a ordem para anular, todas as provas produzidas, em especial a dos procedimentos n° 2007.61.81.010208-7 (monitoramento telefônico), n° 2007.61.81.011419-3 (monitoramento telefônico), e n° 2008.61.81.008291-3 (ação controlada), e dos demais correlatos, anulando também, desde o início, a ação penal, na mesma esteira do bem elaborado parecer exarado pela douta Procuradoria da República."

Não obstante as considerações elencadas a respeito da controvérsia, o debate perdeu o sentido, posto que a nova lei, sintonizada com o art. 144 da Carta Constitucional, e com o melhor entendimento doutrinário e jurisprudencial, simplesmente não reproduziu o teor do antigo art. 2°, V, da Lei n° 9.034/95, sendo importante, todavia, o registro histórico da anterior divergência alusiva ao assunto.

Por fim, resta oportuno esclarecer a sinérgica impossibilidade de um particular atuar como infiltrado, vedação legal que decorre de razões óbvias, uma vez que o mesmo não se encontra habilitado (técnica e psicologicamente) para tão complexa tarefa. Ademais, a infiltração policial, devidamente amparada por normas jurídicas, implica, de certa forma, uma invasão estatal direta na esfera íntima do indivíduo investigado. O agente policial infiltrado, nesta linha de raciocínio, poderá, com a devida autorização judicial, ingressar no domicílio do cidadão sob investigação, razão pela qual a vedação legal quanto ao emprego de particulares afigura-se plenamente condizente com a Lei Maior, que impede a restrição desarrazoada de direitos fundamentais.

Nada impede, no entanto, que o particular atue como informante[31], repassando à Polícia informações sobre a organização criminosa, atuação plenamente amparada pelo Texto Constitucional (art. 144, *caput*, da CRFB), segundo o qual a segurança pública configura dever do Estado e *responsabilidade* de todos.

2.6. Infiltração Voluntária:

No que concerne a tal requisito legal, dispõe o art. 14, I, da Lei nº 12.850/13:

"Art. 14. São direitos do agente:
I - recusar ou fazer cessar a atuação infiltrada;
(...)."

---

31 PENAL E PROCESSO PENAL. INFORMAÇÕES TOMADAS DA FIGURA DE "INFORMANTE." VALIDADE. COMPROVAÇÃO DA EXISTÊNCIA DO CRIME E DE SUA AUTORIA. CONDENAÇÃO MANTIDA. I - É preciso distinguir as diversas figuras que acabam por colaborar com a persecução penal, umas de acordo com a estrita legalidade exigida em razão das circunstâncias, e outras suficientemente amparadas pela inexistência de vedação legal a que possam fazer aquilo que a lei não proíbe (no caso colaborar com a Polícia), assumindo, ainda, à responsabilidade constitucional dada ao cidadão pelo art. 144 da Constituição da República de colaborar com a segurança pública (acusado colaborador ou arrependido, informante, denunciante anônimo e agente infiltrado). II - Apenas o agente infiltrado está sujeito à precedente autorização judicial para atuar, ao passo que o réu colaborador tem a seu dispor uma série de institutos regulados por lei e o procedimento para que dele possa se valer, o informante e o particular, que atuam anonimamente na notícia de fatos delituosos não encontram nenhum óbice legal para que o façam, além de contarem com amparo constitucional para agirem a bem dos fins da segurança pública. Seria impossível e contraproducente restringir a ação de todos aqueles que, exercitando direito de matriz constitucional quisessem colaborar com as autoridades na busca de uma sociedade mais harmônica e segura. III - Os dados repassados à Polícia Federal Fluminense foram colhidos através de um informante de nacionalidade paraguaia, agente próximo a um conhecido traficante internacional, sendo forçoso concluir que se nem mesmo particulares podem servir de agentes infiltrados ou encobertos, o mencionado cidadão só poderia ser um informante, na acepção estrita do termo. (...).
(TRF/2ª Região, Primeira Turma Especializada, Apelação Criminal nº 4.553/RJ, rel. Des. Fed. Abel Gomes, decisão em 18.09.2009, DJU 18.09.2009)

Infere-se da leitura do art. 14, I, da Lei n° 12.850/13 que a infiltração poderá ser recusada pelo policial. Por consequência, a *contrario sensu*, a voluntariedade[32] do agente a ser infiltrado deve ser entendida como um dos requisitos legais a serem observados. Neste particular, andou bem o legislador ao prevê-lo, pois a infiltração policial, por sua própria essência, envolve sérios riscos ao agente, razão pela qual o Estado brasileiro não poderia mesmo impor ao servidor policial tal encargo, até mesmo porque, dependendo dos contornos da infiltração, o agente poderá efetivamente submergir no mundo do crime organizado, distanciando-se por completo de sua família.

Outrossim, desse caráter voluntário decorre a possibilidade de o agente fazer cessar a operação de infiltração (art. 14, I, 2ª parte, da Lei n° 12.850/13), uma vez que ele, melhor do que qualquer outra pessoa, pode avaliar, com maior propriedade, os riscos decorrentes da empreitada. Nos termos do citado dispositivo legal, a cessação da operação independe até mesmo de qualquer comunicação prévia ao delegado de polícia encarregado do inquérito policial ou de autorização judicial.

2.7. Autorização Judicial Circunstanciada e Motivada:

Como vimos alhures, uma das razões que motivou o veto presidencial que incidiu sobre o antigo art. 2°, I, da Lei n° 9.034/95 foi o fato de tal dispositivo não ter exigido a devida autorização judicial para a efetivação da infiltração policial, deficiência legal que, conforme registramos, foi posteriormente corrigida pela Lei n° 10.217/01.

A Lei n° 12.850/13, no art. 10, *caput*, expressamente exige que a infiltração policial seja precedida de autorização judicial[33], devidamente circunstanciada e motivada, providência necessária para que se possa exercer o devido controle da operação de infiltração.

---

32 FRANCO (2001, p. 585), analisando a Lei n° 9.034/95, também aponta a voluntariedade do agente como um dos requisitos legais para a infiltração policial.

33 O parecer proferido pelo então senador Aloizio Mercadante, relator do PLS n° 150/06, do qual se originou a Lei n° 12.850/13, asseverou, quantos aos contornos da autorização judicial referente à infiltração policial, o seguinte:
"A infiltração pode ser, de acordo com a situação se apresente, inevitável, levando a que o juiz tenha de decidir por autorizá-la, de forma '*circunstanciada*, motivada e sigilosa'. Repito: a autorização judicial deverá ser pormenorizada, o que, certamente, implicará estipulação dos limites, na atuação do agente infiltrado, do que venha a ser estrito cumprimento de dever legal, para efeito de consideração de exclusão de antijuridicidade, nos termos da legislação penal." Disponível em: http://legis.senado.leg.br/mateweb/arquivos/mate-pdf/69368.pdf. Acesso em: 08 nov. 2013.

O adjetivo *circunstanciada* revela que o magistrado não deve se limitar a autorizar a medida. Deve, sim, pormenorizá-la tanto quanto possível, estabelecendo os limites da infiltração policial, de modo que o delegado de polícia responsável pelas investigações (e pelo controle direto da operação a ser desencadeada) e o agente infiltrado possam ter um norte referencial das atribuições[34] (e respectivas balizas) a serem desenvolvidas no âmbito da organização criminosa.

Neste particular, sem qualquer pretensão exaustiva, entendemos que uma decisão judicial devidamente circunstanciada deve conter, necessariamente, o seguinte nível mínimo de detalhamento:

a) Deve especificar a organização criminosa (com as respectivas informações já existentes e colhidas a respeito) na qual será infiltrado o agente, bem como, pelo menos, os principais membros (identificados por nomes e/ou apelidos e fotografias, se possível), dados que deverão ser previamente obtidos e informados pelo delegado de polícia.

Significa dizer que a infiltração policial não pode ser encarada como um autêntico "tiro no escuro", considerando que quanto mais informações prévias o agente infiltrado dispuser a respeito dos integrantes da organização (estrutura organizacional, *modus operandi*, região de atuação, atividades ilícitas, etc), maior será a possibilidade dele se preparar para eventuais problemas com os quais poderá se deparar durante a infiltração. Disso resulta que uma boa infiltração começa antes mesmo da efetiva inserção do agente na organização criminosa. Quanto mais consistente e madura estiver a investigação, quanto mais pormenores[35] forem colhidos, maior será a possibilidade êxito.

---

34 A respeito do conteúdo da ordem judicial de infiltração, afirma MENDRONI (2012, p. 121):
"Interessa saber, a qualquer agente infiltrado, o âmbito e o limite de suas atividades na coleta das evidências e provas encontradas no seio da organização criminosa. Além da evidente possibilidade de servir como testemunha, entendemos que o mandado judicial pode conter, extensivamente, autorização expressa para que o agente, sendo favoráveis as condições e sem risco pessoal, apreenda documentos de qualquer natureza, desde papéis a arquivos magnéticos; e, dispondo de equipamentos correspondentes, realize filmagens, fotografias e escutas, ambientais e telefônicas. São meios de prova dos quais a Polícia não pode prescindir e nada os impede, ao contrário, tudo favorece, sejam realizados pelo agente mediante expressa autorização judicial. Seria, ao contrário senso, absolutamente inviável a necessidade de que o agente tivesse que buscar autorização judicial para cada situação vivida na infiltração, não só pelo evidente risco de *periculum in mora*, mas também pela absoluta impossibilidade fática."

35 Neste sentido, vale mencionar, a título de exemplo, que é sabido que o ser humano, de um modo geral, tende a se aproximar e manter relacionamentos mais estreitos e confiáveis com pessoas com as quais se identifica de alguma forma. Há, digamos, fatores que aproximam e afastam as pessoas. Se o agente infiltrado pretende angariar a confiança do chefe da

b) Deve indicar a imprescindibilidade da medida, demonstrando que a prova não pode ser produzida por outros meios (art. 10, § 2°, da Lei n° 12.850/13).

c) Deve fixar as principais tarefas do agente infiltrado, balizando, na medida do possível, os objetivos da operação, bem como o local da infiltração policial (art. 11 da Lei n° 12.850/13).

d) Deve especificar o prazo da infiltração policial, consoante dispõe o art. 10, § 3°, da Lei n° 12.850/13, que estabelece o período máximo de 6 (seis) meses, sem prejuízo de eventuais renovações, desde que comprovada a necessidade. O prazo a ser determinado deve guardar correspondência com a complexidade da investigação. Cada caso demandará uma análise bem particular.

e) Deve prever medidas necessárias para resguardar a segurança do agente infiltrado. Por exemplo, a operação de infiltração, por sua própria complexidade intrínseca, demanda um elenco de agentes policiais que dela participarão, seja no segmento interno, seja no externo. Assim, convém que o magistrado, a partir de manifestação técnica do delegado de polícia, especifique no mandado de infiltração as pessoas que poderão tomar conhecimento da tarefa em curso, exercendo o devido controle judicial. Isso possibilitará a apuração de eventual responsabilidade penal, caso ocorra quebra de sigilo[36]. Embora a lei não mencione a designação a ser dada a tal ordem judicial, entendemos possível denominá-la de *mandado de infiltração policial*.

Segundo dispõe o art. 12, § 3º , da Lei n° 12.850/13, havendo indícios seguros de que o agente infiltrado sofre risco iminente, a operação deverá ser sustada mediante requisição do Ministério Público ou pelo delegado de polícia, dando-se imediata ciência, neste último caso, ao *parquet* e à autoridade judicial. Entendemos pertinente que o magistrado, ao deferir a infiltração policial, reforce a observância de tal providência.

f) Deve prever mecanismos que possibilitem o efetivo e permanente acompanhamento da infiltração policial (art. 10, § 3°, da Lei n° 12.850/13).

---

organização, de modo a ter acesso a dados que revelam os detalhes da máquina delituosa, certamente precisará usar de muita psicologia, de modo a conquistar a simpatia do *capo*. Para tanto, deverá conhecer minudências a respeito das suas características pessoais.

36 A propósito, preceitua o art. 20 da Lei n° 12.850/13:
"Descumprir determinação de sigilo das investigações que envolvam a ação controlada e a infiltração de agentes:
Pena - reclusão, de 1 (um) a 4 (quatro) anos, e multa."

g) Deve esclarecer que o agente infiltrado não poderá atuar como provocador, sob pena de responsabilização penal (art. 13, *caput*, da Lei nº 12.850/13).

h) Deve determinar que se observe o devido sigilo da operação de infiltração policial (art. 10, *caput*, da Lei nº 12.850/13).

2.8. Sigilo da Infiltração Policial:

Resta absolutamente evidente que a segurança do agente infiltrado e o sucesso da medida dependem da preservação do sigilo que deve recair sobre a autorização judicial e sobre a própria investigação em si. Tal requisito pode ser extraído da previsão legal ínsita no art. 10, *caput*, e no art. 12 da Lei nº 12.850/13:

> *"Art. 10. A infiltração de agentes de polícia em tarefas de investigação, representada pelo delegado de polícia ou requerida pelo Ministério Público, após manifestação técnica do delegado de polícia quando solicitada no curso de inquérito policial, será precedida de circunstanciada, motivada e sigilosa autorização judicial, que estabelecerá seus limites.*
> *(...).*
> *Art. 12. O pedido de infiltração será sigilosamente distribuído, de forma a não conter informações que possam indicar a operação a ser efetivada ou identificar o agente que será infiltrado.*
> *(...).*
> *§ 2º Os autos contendo as informações da operação de infiltração acompanharão a denúncia do Ministério Público, quando serão disponibilizados à defesa, assegurando-se a preservação da identidade do agente.*
> *(...)."*

Para a preservação do sigilo imposto pela lei de regência, entendemos pertinentes, todavia, algumas providências por parte do delegado de polícia, do representante do MP e do magistrado, conforme veremos em seguida.

O delegado de polícia deverá reduzir, ao máximo, o conhecimento acerca da operação a ser desencadeada. Por conseguinte, somente os servidores a serem efetivamente empregados na missão devem tomar conhecimento a respeito da representação encaminhada ao Poder Judiciário. Desta feita, resta conveniente que a Instituição Policial trace mecanismos *interna corporis* que objetivem resguardar o devido sigilo. Neste aspecto, a fim de justificar a ausência temporária do servidor, poderia a Polícia, por exemplo, simular que o agente infiltrado iniciou o gozo de férias regulamentares ou de alguma licença. Tal estratégia evitaria que se levantassem suspeitas decorrentes da ausência injustificada do policial, viabilizando, assim, maior sigilo.

Da mesma forma, o representante do MP deve reduzir, ao máximo, no âmbito da atuação institucional, o conhecimento acerca da operação a ser desencadeada. Igualmente, somente o servidor a ser empregado na tramitação do requerimento de infiltração policial poderá ter acesso às peças sigilosas. Isso facilitará, sobremaneira, eventual identificação do responsável por qualquer vazamento que venha a ocorrer no curso da medida.

Também no âmbito do Poder Judiciário devem ser criados mecanismos institucionais com vistas a resguardar a segurança do agente infiltrado, a exemplo dos já existentes para os casos de quebra de sigilo bancário, fiscal, telefônico, etc. Importante, neste diapasão analítico, é a implementação de medidas que viabilizem a distribuição da representação do delegado de polícia (ou do requerimento do MP) diretamente no gabinete do magistrado, cabendo-lhe, por sua vez, designar o servidor responsável por fazer tramitar o expediente.

2.9. Indícios de Infração Penal Autorizadora da Infiltração Policial:

A infiltração policial, diante do rigoroso quadro legal, demanda, dentre outros requisitos, a existência de indícios de cometimento de infração penal enquadrada na previsão contida no art. 1º da Lei nº 12.850/13[37]. Desde já, trazemos à colação uma questão que muito provavelmente será debatida pela doutrina e jurisprudência. Referimo-nos

---

37 Art. 1º. Esta Lei define organização criminosa e dispõe sobre a investigação criminal, os meios de obtenção da prova, infrações penais correlatas e o procedimento criminal a ser aplicado.
§ 1º Considera-se organização criminosa a associação de 4 (quatro) ou mais pessoas estruturalmente ordenada e caracterizada pela divisão de tarefas, ainda que informalmente, com objetivo de obter, direta ou indiretamente, vantagem de qualquer natureza, mediante a prática de infrações penais cujas penas máximas sejam superiores a 4 (quatro) anos, ou que sejam de caráter transnacional.
§ 2º Esta Lei se aplica também:
I - às infrações penais previstas em tratado ou convenção internacional quando, iniciada a execução no País, o resultado tenha ou devesse ter ocorrido no estrangeiro, ou reciprocamente;
II - às organizações terroristas internacionais, reconhecidas segundo as normas de direito internacional, por foro do qual o Brasil faça parte, cujos atos de suporte ao terrorismo,

à possibilidade de se ampliar (ou não) o elenco dos delitos mencionados no art. 1º, §§ 1º e 2º, da Lei nº 12.850/13.

Antevendo o desenrolar dos debates, sustentar-se-á o caráter meramente exemplificativo do referido rol, argumentando-se através de uma suposta impossibilidade de se encerrar o conceito de organização criminosa numa norma inflexível, razão pela qual se defenderá que a intenção do legislador foi, apenas e tão somente, estabelecer uma moldura legal norteadora das infrações penais passíveis de serem investigadas através da infiltração policial, sem, no entanto, exauri-las.

FRANCO (2001, p. 584), enfrentando tal questão sob a ótica da legislação anterior, manifestava-se contrário à aplicação analógica da Lei nº 9.034/95 a casos por ela não abarcados, sob o principal argumento:

> *"Porque o procedimento investigatório tem caráter excepcional, não se justificando nenhum alargamento, pois, caso contrário, se corre o perigo, de exceção em exceção, colocar o processo penal do Estado Democrático de Direito na rota do desvio de toda e qualquer regra, o que afinal significa um desvio sem volta, um irrefreável retrocesso. Não há, portanto, cogitar-se de nenhum processo investigatório eficiente que acabe por desatender à própria legalidade."*

Seguindo o escólio de FRANCO, entendemos, no caso, que o mencionado rol legal é taxativo. Significa dizer que o legislador expressamente limitou o emprego da infiltração policial, bem como dos demais meios de prova previstos no art. 3º da Lei nº 12.850/13, às situações categoricamente elencadas, todas reveladoras de uma criminalidade organizada.

Sobre o presente tópico, vale ressaltar, por oportuno, um aspecto histórico. A Lei nº 12.850/13, ao definir o que se entende por *organização criminosa*, efetivamente supre o vácuo legal existente na revogada Lei nº 9.034/95, mesmo com a alteração promovida pela Lei nº 10.217/01, lacuna que ensejava diversos debates doutrinários.

Neste sentido, convém esclarecer que, muito embora a ementa da Lei nº 9.034/95 afirmasse expressamente que o seu objetivo era dispor sobre a utilização de meios operacionais para a prevenção e repressão de ações praticadas por organizações criminosas, o seu art. 1º, antes da

---

bem como os atos preparatórios ou de execução de atos terroristas, ocorram ou possam ocorrer em território nacional.

alteração promovida pela Lei nº 10.217/01, incompreensivelmente preceituava no seguinte sentido:

"Esta lei define e regula meios de prova e procedimentos investigatórios que versarem sobre crime resultante de ações de quadrilha ou bando."

Havia, portanto, um descompasso inexplicável entre o que dizia a ementa[38] da lei (que mencionava a expressão *organização criminosa*) e o seu art. 1º (que citava a expressão *quadrilha ou bando*).

Tal redação deficiente provocou o seguinte questionamento doutrinário: as duas expressões em destaque seriam sinônimas? Ou, ao contrário, seriam figuras jurídicas conceitualmente distintas?

CAPEZ (2012, p. 265), analisando a legislação anterior, assevera que a imprecisa redação legal não possibilitava outra ilação, a não ser considerar que a Lei nº 9.034/95 versava sobre os meios de investigação e de prova de crimes cometidos por quadrilha ou bando[39], cuja definição havia de ser extraída da redação (à época) do art. 288 do CP[40].

Posteriormente, a Lei nº 9.034/95 foi alterada pela Lei nº 10.217/01, passando o art. 1º a prever o seguinte texto:

"Art. 1º Esta Lei define e regula meios de prova e procedimentos investigatórios que versem sobre ilícitos decorrentes de ações praticadas por quadrilha ou bando ou organizações ou associações criminosas de qualquer tipo."

---

38 Como se sabe, segundo a boa técnica legislativa, a ementa (parte do preâmbulo que resume o conteúdo da lei) deve guardar perfeita relação com a ideia central contida no texto jurídico.

39 SCARANCE (1995, p. 38), analisando a regra prevista no art. 1º da Lei nº 9.034/95 (com a redação original), sinalizou o seguinte:
"É ao mesmo tempo ampliativa e restritiva. Abrange crimes que, pelo simples fato de serem resultantes de bando ou quadrilha, serão 'crimes organizados', e que, na realidade, podem representar pequena ofensa social, não merecendo especial preocupação. Mas o preceito também restringe, pois em certos casos, os delitos praticados por determinadas pessoas poderiam se caracterizar como 'crimes organizados', e, por estarem desvinculados de bando ou quadrilha, ficarão fora da órbita da lei."

40 Art. 288. Associarem-se mais de 3 (três) pessoas, em quadrilha ou bando, para o fim de cometer crimes:
Pena - reclusão, de 1 (um) a 3 (três) anos.
Parágrafo único - A pena aplica-se em dobro, se a quadrilha ou bando é armado.

Como se vê, a nova redação legal passou a fazer referência aos termos *quadrilha, bando, organização criminosa* e *associação criminosa*, sem, mais uma vez, definir o que se entendia por organização criminosa, ensejando, novamente, as mais diversas posições doutrinárias.

FRANCO (2001, p. 576/577), manifestando-se a respeito da aludida alteração, aduz que a referida babel conceitual ensejou um indiscutível quadro de insegurança jurídica:

"O art. 1º da Lei nº 10.217/01 equipara rigorosamente quadrilha ou bando a organizações ou associações criminosas de qualquer tipo. Essa equiparação deixou ainda mais vulnerável o dispositivo penal na medida em que não foi formulada - tal como já havia ocorrido anteriormente - a descrição de organização criminosa e, agora, da associação criminosa de qualquer tipo."

Na ocasião, a doutrina, de um modo geral, cunhou um panorama sobre as definições a serem conferidas aos termos e expressões citados no art. 1º, *caput*, da Lei nº 9.034/95 (com a redação empreendida pela Lei nº 10.217/01), assim resumido:

a) **Definição de Quadrilha ou Bando**[41]:

Tal definição, segundo a doutrina majoritária à época, devia ser obtida a partir da interpretação a ser conferida ao art. 288 do CP (com a redação anterior à Lei nº 12.850/13). Assim, consubstanciava a associação estável e duradoura de mais de 3 (três) pessoas com o fim de cometer crimes.

b) **Definição de Associação Criminosa**:

Segundo entendimento doutrinário pretérito[42], tal definição devia ser extraída do revogado art. 14 da Lei nº 6.368/76 (antiga Lei de Entorpecentes[43]), que previa o crime de associação para o tráfico ilícito de entorpecentes, configurando, assim, uma associação estável e duradoura,

---

41 Atualmente, de acordo com a redação conferida pela Lei nº 12.850/13, o art. 288 do CP encontra-se redigido do seguinte modo:
"Art. 288. Associarem-se 3 (três) ou mais pessoas, para o fim específico de cometer crimes:
Pena - reclusão, de 1 (um) a 3 (três) anos.
Parágrafo único. A pena aumenta-se até a metade se a associação é armada ou se houver a participação de criança ou adolescente."
42 Neste sentido, FABRETTI (2012, p. 79).
43 Art. 14. Associarem-se 2 (duas) ou mais pessoas para o fim de praticar, reiteradamente ou não, qualquer dos crimes previstos nos arts. 12 ou 13 desta Lei:

de 2 (duas) ou mais pessoas, para o fim de praticar, reiteradamente ou não, qualquer dos crimes previstos nos arts. 12 ou 13 da citada lei. Atualmente, convém esclarecer, tal delito encontra-se tipificado no art. 35 da Lei nº 11.343/06 (atual Lei de Drogas[44]).

Ainda no que concerne à definição epigrafada, a doutrina referia-se também ao crime de associação para a prática de genocídio (art. 2º da Lei nº 2.889/56 - Lei do Genocídio[45]), bem como aos delitos tipificados nos arts. 16 e 24 da Lei nº 7.170/83 - Lei de Segurança Nacional[46].

c) **Definição de Organização Criminosa:**

Conforme já prelecionamos, tal expressão não se encontrava definida no ordenamento jurídico nacional[47], muito provavelmente pela complexidade e controvérsia que lhe são inerentes, características, aliás, reconhecidas por NUCCI (2013, p. 13):

"O conceito de organização criminosa é complexo e controverso, tal como a própria atividade do crime nesse cenário. Não se pretende obter uma definição tão abrangente quanto pacífica, mas um horizonte a perseguir, com bases seguras para identificar a atuação

---

Pena - Reclusão, de 3 (três) a 10 (dez) anos, e pagamento de 50 (cinquenta) a 360 (trezentos e sessenta) dias-multa.

44 Art. 35. Associarem-se 2 (duas) ou mais pessoas para o fim de praticar, reiteradamente ou não, qualquer dos crimes previstos nos arts. 33, *caput* e § 1º, e 34 desta Lei:
Pena - reclusão, de 3 (três) a 10 (dez) anos, e pagamento de 700 (setecentos) a 1.200 (mil e duzentos) dias-multa.

45 Lei nº 2.889/56:
"Art. 2º Associarem-se mais de 3 (três) pessoas para prática dos crimes mencionados no artigo anterior:
Pena: Metade da cominada aos crimes ali previstos."

46 Lei nº 7.170/83:
"Art. 16. Integrar ou manter associação, partido, comitê, entidade de classe ou grupamento que tenha por objetivo a mudança do regime vigente ou do Estado de Direito, por meios violentos ou com o emprego de grave ameaça.
Pena: reclusão, de 1 (um) a 5 (cinco) anos."
"Art. 24 - Constituir, integrar ou manter organização ilegal de tipo militar, de qualquer forma ou natureza armada ou não, com ou sem fardamento, com finalidade combativa.
Pena: reclusão, de 2 (dois) a 8 (oito) anos."

47 O Projeto de Lei nº 3.516/89, de autoria do então deputado Michel Temer, do qual se originou a Lei nº 9.034/95, até contemplava uma definição mínima de organização criminosa, cuja redação era a seguinte:
"Art. 2º. Para os efeitos desta Lei, considera-se organização criminosa aquela que, por suas características, demonstre a existência de estrutura criminal, operando de forma sistematizada, com atuação regional, nacional e/ou internacional."
PL nº 3.516/89 disponível em: http://imagem.camara.gov.br/Imagem/d/pdf/DCD-19SET1989.pdf#page=67. Acesso em: 8 nov. 2013.

da delinquência estruturada, que visa ao combate de bens jurídicos fundamentais para o Estado Democrático de Direito."

SANCTIS (2009, p. 8), por sua vez, aponta as seguintes características pertinentes a uma organização criminosa:

"(...) o conceito de crime organizado sempre envolve estrutura complexa e, de certa forma, profissionalizada. Não se trata de apenas de uma organização bem feita, não sendo somente uma organização internacional, mas se caracteriza pela ausência de vítimas individuais e por um determinado modus operandi, *com divisão de tarefas, utilização de métodos sofisticados, existência, por vezes, de simbiose com o Poder Público, além de alto poder de intimidação (forja clima de medo, fazendo constante apelo à intimidação e à violência)."*

Malgrado a complexidade de tal conceituação, sempre foi de difícil compreensão os motivos pelos quais o legislador insistia em não nortear a definição de organização criminosa, omissão legislativa que gerava insegurança jurídica, mormente se considerarmos que tal expressão encontra-se prevista em algumas passagens do ordenamento jurídico nacional[48], sem, todavia, receber o devido norte legal orientador, problema

---

48 A expressão *organização criminosa*, além de estar prevista na Lei nº 12.850/13, é igualmente mencionada nos seguintes diplomas legais:
a) No § 4º do art. 1º da Lei nº 9.613/98:
"Art. 1º Ocultar ou dissimular a natureza, origem, localização, disposição, movimentação ou propriedade de bens, direitos ou valores provenientes, direta ou indiretamente, de infração penal.
(...).
Pena: reclusão, de 3 (três) a 10 (dez) anos, e multa.
(...).
§ 4º A pena será aumentada de 1 (um) a 2/3 (dois terços), se os crimes definidos nesta Lei forem cometidos de forma reiterada ou por intermédio de organização criminosa."
b) No § 4º do art. 33 da Lei nº 11.343/06:
"Art. 33. Importar, exportar, remeter, preparar, produzir, fabricar, adquirir, vender, expor à venda, oferecer, ter em depósito, transportar, trazer consigo, guardar, prescrever, ministrar, entregar a consumo ou fornecer drogas, ainda que gratuitamente, sem autorização ou em desacordo com determinação legal ou regulamentar:
Pena - reclusão de 5 (cinco) a 15 (quinze) anos e pagamento de 500 (quinhentos) a 1.500 (mil e quinhentos) dias-multa.
§ 1º Nas mesmas penas incorre quem:
I - importa, exporta, remete, produz, fabrica, adquire, vende, expõe à venda, oferece, fornece, tem em depósito, transporta, traz consigo ou guarda, ainda que gratuitamente, sem autorização ou em desacordo com determinação legal ou regulamentar, matéria-prima, insumo ou produto químico destinado à preparação de drogas;

que possibilitava interpretações díspares e contraditórias acerca do alcance e do sentido da norma.

Ainda sobre o debate travado a respeito de tal definição, em obra editada antes do advento da Lei nº 12.850/13, GOMES et al (2011, p. 283-284), ao comentarem o art. 53, I, da Lei nº 11.343/06, dispositivo que também versa sobre a infiltração policial, asseveram que:

"*O art. 53 ora sob análise diz que cabe infiltração policial 'nos crimes previstos nesta Lei'. Na verdade, a medida só se justifica nos casos mais graves, de comprovada organização criminosa (que hoje é entendida como a quadrilha ou bando ou a associação criminosa da qual fazem parte várias pessoas e que apresentem os requisitos mínimos de uma organização: hierarquia, divisão territorial, uso da intimidação ou da fraude, poder de compra, infiltração nos poderes públicos, etc.).*"

GRECO e RASSI (2012, p. 619), por sua vez, afirmam que tal "*conceito deve ser fluido, como fluido é o próprio modo de ser de uma* societas sceleris.*"*

Com efeito, a multiplicidade de posições[49] sobre tão complexo conceito, por si só, já era fator de insegurança jurídica, demandando, assim, uma posição do Congresso Nacional, a quem compete legislar sobre a matéria (art. 22, I, da CRFB). Não obstante, a inércia do legislador permitia a continuidade da confusão terminológica, o que fez com que parte da doutrina[50] e da jurisprudência entendesse possível suprir tal

---

II - semeia, cultiva ou faz a colheita, sem autorização ou em desacordo com determinação legal ou regulamentar, de plantas que se constituam em matéria-prima para a preparação de drogas;
III - utiliza local ou bem de qualquer natureza de que tem a propriedade, posse, administração, guarda ou vigilância, ou consente que outrem dele se utilize, ainda que gratuitamente, sem autorização ou em desacordo com determinação legal ou regulamentar, para o tráfico ilícito de drogas.
(...).
§ 4º Nos delitos definidos no *caput* e no § 1º deste artigo, as penas poderão ser reduzidas de 1/6 (um sexto) a 2/3 (dois terços), desde que o agente seja primário, de bons antecedentes, não se dedique às atividades criminosas nem integre organização criminosa."

49 Vicente Grecco Filho, Professor Titular da Faculdade de Direito de São Paulo, ao prefaciar a obra *Crime Organizado*, coordenada por Ana Flávia Messa e José Reinaldo Guimarães Carneiro, editora Saraiva, 2012, afirma que o conceito de organização criminosa deve permanecer aberto, a ser reconhecido pelo juiz diante de caso.

50 É a posição, por exemplo, de SOUZA (2009):
"A nosso ver, toda a celeuma jurídica em torno da falta de conceituação legal do que seja uma organização criminosa se esvai se levarmos em conta que o Brasil é signatário da Convenção de Palermo."

lacuna através da definição obtida junto à Convenção de Palermo. Nesse diapasão analítico, impende lembrar que o Superior Tribunal de Justiça, em reiterados julgados, decidiu exatamente neste sentido, conforme restou consignado no HC nº 162.957/MG, Sexta Turma, rel. Min. Og Fernandes, julgado em 04.12.2012:

> *"(...). 5. Esta Corte tem entendimento pacífico no sentido de que a conceituação de organização criminosa se encontra definida no nosso ordenamento jurídico pelo Decreto nº 5.015, de 12 de março de 2004, que promulgou a Convenção das Nações Unidas contra o Crime Organizado Transnacional - Convenção de Palermo, que entende por grupo criminoso organizado, aquele estruturado de 3 (três) ou mais pessoas, existente há algum tempo e atuando concertadamente com o propósito de cometer uma ou mais infrações graves ou enunciadas na presente Convenção, com a intenção de obter, direta ou indiretamente, um benefício econômico ou outro benefício material."*

Da mesma forma, o próprio Conselho Nacional de Justiça, atento à problemática decorrente da ausência legal de um conceito de organização criminosa, também acolheu a definição constante da dita Convenção Internacional, conforme se infere do texto da Recomendação[51] nº 3, de 30 de maio de 2006:

> *"(...).*
> ***RECOMENDAR***
> ***1.*** *Ao Conselho da Justiça Federal e aos Tribunais Regionais Federais, no que respeita ao Sistema Judiciário Federal, bem como aos Tribunais de Justiça dos Estados, a especialização de varas criminais, com competência exclusiva ou concorrente, para processar e julgar delitos praticados por organizações criminosas.*

No mesmo sentido, LEVORIN (2012, p. 34):
"O ordenamento jurídico brasileiro adotou - em princípio - a conceituação estabelecida na Convenção das Nações Unidas contra o Crime Organizado Transnacional - Convenção de Palermo -, ratificada no Brasil mediante o Decreto Legislativo n. 231/2003 e inserida no ordenamento jurídico por meio do Decreto n. 5.015/2004."
FABRETTI (2012, p. 90), por sua vez, apresenta uma proposta intermediária:
"(...) a utilização do conceito de organização criminosa prevista na Convenção de Palermo, mas desde que observados os limites criados pela própria Convenção, e não de maneira absoluta para qualquer crime, sem que haja caracterização de grupo estruturado e num único país."

51 Disponível em: http://www.cnj.jus.br/atos-administrativos/atos-da-presidencia/322-recomendacoes-do-conselho/12083-recomenda-no-3. Acesso em: 20 dez. 2013.

2. *Para os fins desta recomendação, sugere-se:*

a) a adoção do conceito de crime organizado estabelecido na Convenção das Nações Unidas sobre Crime Organizado Transnacional, de 15 de novembro de 2000 (Convenção de Palermo), aprovada pelo Decreto Legislativo nº 231, de 29 de maio de 2003 e promulgada pelo Decreto nº 5.015, de 12 de março de 2004, ou seja, considerando o 'grupo criminoso organizado' aquele estruturado, de 3 (três) ou mais pessoas, existente há algum tempo e atuando concertadamente com o propósito de cometer uma ou mais infrações graves ou enunciadas na Convenção das Nações Unidas sobre Crime Organizado Transnacional, com a intenção de obter, direta ou indiretamente, um benefício econômico ou outro benefício material.

(...)."

Por sua vez, a Primeira Turma do Supremo Tribunal Federal, no HC nº 96.007/SP, rel. Min. Marco Aurélio, julgado em 12.06.2012, entendeu que o conceito de organização criminosa inexistia no Direito pátrio, conforme ementa abaixo transcrita:

"TIPO PENAL – NORMATIZAÇÃO. A existência de tipo penal pressupõe lei em sentido formal e material. LAVAGEM DE DINHEIRO – LEI Nº 9.613/98 – CRIME ANTECEDENTE. A teor do disposto na Lei nº 9.613/98, há a necessidade de o valor em pecúnia envolvido na lavagem de dinheiro ter decorrido de uma das práticas delituosas nela referidas de modo exaustivo. LAVAGEM DE DINHEIRO – ORGANIZAÇÃO CRIMINOSA E QUADRILHA. O crime de quadrilha não se confunde com o de organização criminosa, até hoje sem definição na legislação pátria."

Tal carência de definição legal no Direito pátrio (e consequente utilização da previsão contida na citada Convenção Internacional) inspirou a edição da Lei nº 12.850/13, conforme se depreende do teor do parecer[52] da lavra do deputado Vieira da Cunha, relator do PL nº 6.578/09:

"Uma das deficiências comumente apontada pela doutrina jurídica à Lei 9.034/95 é a ausência, em si, de definição de organizações criminosas, conceito complementado pela hermenêutica segundo critérios de interpretação sistemática, socorrendo-se das disposições

---

52 Disponível em: http://www.camara.gov.br/proposicoesWeb/prop_mostrarintegra?codteor=1034301&filename=PRL+2+CCJC+%3D%3E+PL+6578/2009. Acesso em: 08 nov. 2013.

da Convenção de Palermo, introduzida em nosso ordenamento jurídico pátrio por força de Decreto."

No contexto do mesmo panorama conceitual, a Lei nº 12.694, de 24 de julho de 2012, que dispõe sobre o processo e o julgamento colegiado em primeiro grau de jurisdição de crimes praticados por organizações criminosas, acabou por estabelecer mais um norte a ser seguido a respeito da controvertida expressão:

"Art. 2º Para os efeitos desta Lei, considera-se organização criminosa a associação, de 3 (três) ou mais pessoas, estruturalmente ordenada e caracterizada pela divisão de tarefas, ainda que informalmente, com objetivo de obter, direta ou indiretamente, vantagem de qualquer natureza, mediante a prática de crimes cuja pena máxima seja igual ou superior a 4 (quatro) anos ou que sejam de caráter transnacional."

Em certo momento, parecia mesmo que a Lei nº 12.694/12 colocaria um ponto final na questão. No entanto, parte da doutrina entendeu que a definição supra (art. 2º) seria específica para as hipóteses contempladas pela Lei nº 12.694/12, inaugurando, assim, mais uma vertente desse embate, notadamente acerca da possibilidade de se estender o conceito previsto no art. 2º da referida lei aos demais diplomas legais que fazem menção à expressão organização criminosa. Todavia, logo em seguida editou-se a Lei nº 12.850/13, cujo art. 1º está assim redigido:

"Art. 1º Esta Lei define organização criminosa e dispõe sobre a investigação criminal, os meios de obtenção da prova, infrações penais correlatas e o procedimento criminal a ser aplicado.

§ 1º Considera-se organização criminosa a associação de 4 (quatro) ou mais pessoas estruturalmente ordenada e caracterizada pela divisão de tarefas, ainda que informalmente, com objetivo de obter, direta ou indiretamente, vantagem de qualquer natureza, mediante a prática de infrações penais cujas penas máximas sejam superiores a 4 (quatro) anos, ou que sejam de caráter transnacional.

§ 2º Esta Lei se aplica também:

I - às infrações penais previstas em tratado ou convenção internacional quando, iniciada a execução no País, o resultado tenha ou devesse ter ocorrido no estrangeiro, ou reciprocamente;

II - às organizações terroristas internacionais, reconhecidas segundo as normas de direito internacional, por foro do qual o Brasil faça parte, cujos atos de suporte ao terrorismo, bem como os atos preparatórios ou de execução de atos terroristas, ocorram ou possam ocorrer em território nacional."

Não obstante a regra acima transcrita, antevemos o preâmbulo de uma nova controvérsia a respeito do tema. Referimo-nos à distinção existente nas definições previstas na Lei n° 12.694/12 (art. 2°) e na Lei n° 12.850/13 (art. 1°, § 1°).

Para efeito comparativo, vejamos o seguinte quadro esquemático:

Lei n° 12.694/12	Lei n° 12.850/13
Para os efeitos desta Lei, considera-se *organização criminosa* a associação, de *3 (três) ou mais pessoas*, estruturalmente ordenada e caracterizada pela divisão de tarefas, ainda que informalmente, com objetivo de obter, direta ou indiretamente, vantagem de qualquer natureza, mediante a prática de *crimes* cuja pena máxima seja *igual* ou *superior* a 4 (quatro) anos ou que sejam de caráter transnacional.	Considera-se *organização criminosa* a associação de *4 (quatro) ou mais pessoas* estruturalmente ordenada e caracterizada pela divisão de tarefas, ainda que informalmente, com objetivo de obter, direta ou indiretamente, vantagem de qualquer natureza, mediante a prática de *infrações penais* cujas penas máximas sejam *superiores* a 4 (quatro) anos, ou que sejam de caráter transnacional.

Diante do quadro acima, é possível que haja alguma discussão doutrinária a respeito da possibilidade de coexistirem, no ordenamento jurídico nacional, dois conceitos diferentes de organização criminosa, sendo um específico para o processo e julgamento colegiado em primeiro grau de jurisdição de crimes praticados por organizações criminosas, e outro de aplicação geral. Desde já, manifestamo-nos pela absoluta impossibilidade de haver tal duplicidade conceitual, por ser completamente desarrazoada e desnecessária. Assim, com fulcro no art. 2°, § 1°, do Decreto-Lei n° 4.657, de 4 de setembro de 1942 (Lei de Introdução às Normas do Direito Brasileiro[53]), entendemos que o art. 2º da Lei nº 12.694/12 encontra-se tacitamente revogado, justamente pela incompatibilidade existente entre as duas definições, uma vez que uma exige a associação de, no mínimo, 3 (três) pessoas, ao passo que a outra demanda, pelo menos, 4 (quatro) indivíduos.

Assim, com o advento da Lei nº 12.850/13, o conceito de organização criminosa, no plano legal[54], apresenta os seguintes aspectos gerais:

a) Associação de 4 (quatro) ou mais pessoas. Parece-nos que o legislador resolveu adotar o *quantum* mínimo necessário para a caracterização do antigo delito de quadrilha ou bando (art. 288 do CP).

b) Estrutura organizacional ordenada, apresentando, assim, alguma hierarquia, algum escalonamento vertical.

c) Divisão de tarefas, ainda que informalmente.

d) Objetivo de alcançar vantagem de qualquer natureza (econômica ou não; direta ou indiretamente).

e) Mediante o cometimento de infrações penais (crimes ou contravenções penais) cujas penas máximas sejam superiores a 4 (quatro) anos.

f) Mediante o cometimento de infrações penais (independentemente da máxima cominada) de caráter transnacional, ou seja, que transpõem os limites das fronteiras do País.

3. Finalidade da Infiltração Policial:

FRANCO (2001, p. 585), tratando da Lei nº 9.034/95, elenca as seguintes finalidades inerentes à infiltração policial:

---

53 Decreto-Lei nº 4.657/42:
"Art. 2º Não se destinando à vigência temporária, a lei terá vigor até que outra a modifique ou revogue.
§ 1º A lei posterior revoga a anterior quando expressamente o declare, quando seja com ela incompatível ou quando regule inteiramente a matéria de que tratava a lei anterior.
(...)."

54 No plano doutrinário, segundo BALTAZAR JUNIOR (2010, p. 246), seria possível elencar as seguintes características essenciais para a configuração de uma organização criminosa: pluralidade de agentes, estabilidade, finalidade de lucro e organização.
MESSA (2012, p. 99-101), por sua vez, relaciona as seguintes: complexidade estrutural, divisão orgânica hierárquica, divisão funcional, divisão territorial, estreita ligação com o poder estatal, atos de extrema violência, intuito de lucro ilícito ou indevido, poder econômico elevado, capacitação funcional, alto poder de intimidação, capacidade de fraudes diversas, clandestinidade, caráter transnacional, modernidade, danosidade social de alto vulto, associação estável e permanente com planejamento e sofisticação de meios, impessoalidade da organização.

"(...) além da infiltração, o agente terá forçosamente de realizar outras tarefas, tais como a de conhecer o funcionamento da organização criminosa na sua intimidade, a de cientificar-se quais são seus integrantes e os papéis por eles ocupados na estrutura organizacional, a de descobrir as fontes de financiamento, a de verificar as formas de aplicação dos lucros ilícitos, etc. É evidente que, quanto mais elevada for a posição do agente infiltrado, melhor será o nível de informações por ele obtidas."

Ao nosso ver, enquanto meio de obtenção de prova, é possível relacionar, em linhas gerais, as seguintes finalidades inerentes à infiltração policial:

a) Identificação da estrutura da organização criminosa, bem como de seus vínculos com outras máquinas delituosas.

b) Identificação dos membros da organização criminosa, em todos os aspectos possíveis (nome, alcunha, fotografia, hábitos e preferências pessoais, posição ocupada dentro da estrutura do crime organizado, etc).

c) Identificação das atividades delituosas (principais ou secundárias) desenvolvidas pelo grupo criminoso investigado, bem como o respectivo *modus operandi*.

d) Identificação das fontes de recursos e financiamento da empreitada criminosa.

e) Identificação das estratégias desenvolvidas pela organização criminosa para efeito de proteção de suas atividades delituosas.

f) Identificação dos possíveis bens patrimoniais da organização criminosa, ainda que estejam em nome dos denominados "laranjas", os quais também deverão ser identificados.

4. Prazo da Infiltração Policial:

Nos termos do art. 10, § 3º, da Lei nº 12.850/13, a infiltração policial poderá ser autorizada pelo prazo máximo de 6 (seis) meses, sem prejuízo de eventuais renovações, desde que comprovada a necessidade. A lei não menciona quantas vezes poderá a infiltração policial ser renovada. Não obstante tal silêncio, deve o magistrado analisar, com extremo cuidado, eventuais pedidos de prorrogação.

5. Infiltração Policial e Outros Meios de Prova:

Estabelece o art. 3º da Lei nº 12.850/13 um verdadeiro rol de meios de prova, sem prejuízo de outros já previstos na legislação, a saber:

a) Colaboração premiada (arts. 4º a 7º da Lei nº 12.850/13).

b) Captação ambiental de sinais eletromagnéticos, ópticos ou acústicos.

c) Ação controlada, consistente em retardar a intervenção policial ou administrativa relativa à ação praticada por organização criminosa ou a ela vinculada, desde que mantida sob observação e acompanhamento para que a medida legal se concretize no momento mais eficaz à formação de provas e obtenção de informações (art. 8º da Lei nº 12.850/13).

Neste particular, MENDRONI (2012, p. 114) sugere que a ação controlada e a infiltração policial coexistam durante a investigação:

> *"Parece sugestivo que ambas devam coexistir naturalmente na investigação - ação controlada praticada por agentes infiltrados - de forma harmoniosa para que seja viabilizada a melhor obtenção de informações necessárias ao conhecimento das atividades da organização criminosa."*

d) Acesso a registros de ligações telefônicas e telemáticas, a dados cadastrais constantes de bancos de dados públicos ou privados e a informações eleitorais ou comerciais (arts. 16 a 18 da Lei nº 12.850/13).

e) Interceptação de comunicações telefônicas e telemáticas, nos termos da legislação específica (Lei nº 9.296/96).

f) Afastamento dos sigilos financeiro, bancário e fiscal, nos termos da legislação específica.

g) Infiltração policial em atividade de investigação.

h) Cooperação entre instituições e órgãos federais, distritais, estaduais e municipais na busca de provas e informações de interesse da investigação ou da instrução criminal.

Conforme mencionamos, tendo em vista o disposto no art. 10, § 2º, da Lei nº 12.850/13, entendemos que a infiltração policial nunca poderá ser deferida sem que antes tenha sido manejado, conforme o caso, um dos meios elencados no art. 3º da mesma lei, tal como a interceptação das comunicações telefônicas.

Destarte, a fim de ampliar as possibilidades de êxito da medida, bem como garantir maior segurança ao agente infiltrado, deverá o delegado de polícia, ao representar no sentido do deferimento judicial da infiltração policial, pleitear, igualmente, a prorrogação da interceptação das comunicações telefônicas. Considerando que o policial infiltrado certamente não estará a todo momento em companhia dos membros da organização, pode ser que a infiltração policial não produza, de imediato, o efeito desejado, sendo insuficiente, portanto, para revelar detalhes a respeito da estrutura delituosa que se pretende, em última análise, desmantelar. Assim, a interceptação das comunicações telefônicas, bem como outras medidas julgadas necessárias, poderiam atuar em reforço à infiltração policial.

Outra questão a ser enfrentada reside em saber se o agente infiltrado poderá proceder à apreensão de documentos comprobatórios das atividades criminosas da organização. Entendemos, com fulcro na melhor exegese, que a resposta é positiva, desde que o mandado de infiltração policial contenha tal previsão, nos termos do art. 10, *caput*, parte final, da Lei nº 12.850/13.

Assim, em nosso entendimento, e a fim de evitar que a prova seja considerada ilícita, deve o magistrado expressamente autorizar tal providência, a exemplo de outras assemelhadas, como a captação ambiental de sinais eletromagnéticos, ópticos ou acústicos.

6. Relatórios:

A Lei nº 12.850/13, em duas ocasiões, faz menção a determinados relatórios a serem elaborados, em momentos distintos, sobre a infiltração policial, o que demanda seja empreendida uma análise a respeito das espécies, do conteúdo e dos responsáveis pela elaboração de tais documentos.

Com efeito, dispõe a nova Lei do Crime Organizado:

"Art. 10. (...).

(...).

§ 3º A infiltração será autorizada pelo prazo de até 6 (seis) meses, sem prejuízo de eventuais renovações, desde que comprovada sua necessidade.

§ 4º Findo o prazo previsto no § 3º, o relatório circunstanciado será apresentado ao juiz competente, que imediatamente cientificará o Ministério Público.

§ 5º No curso do inquérito policial, o delegado de polícia poderá determinar aos seus agentes, e o Ministério Público poderá requisitar, a qualquer tempo, relatório da atividade de infiltração."

A partir do texto legal, é possível vislumbrar as seguintes espécies de relatórios:

6.1. Relatório da Atividade de Infiltração Policial:

Trata-se de documento a ser elaborado pelo policial infiltrado na organização criminosa, devendo ser encaminhado, em primeiro lugar, ao delegado de polícia responsável pela operação. Por razões absolutamente óbvias, entendemos que tal relatório, ainda que tenha sido requisitado pelo Ministério Público (na forma do art. 10, § 5º, da Lei nº 12.850/13) deverá ser previamente endereçado à autoridade policial responsável pela investigação, de modo que esta possa avaliar a condução operacional da medida, corrigindo-a, de imediato, caso venha a detectar algum desvio. Não vislumbramos, assim, a possibilidade de tal relatório ser enviado pelo agente infiltrado diretamente ao membro do Ministério Público.

Através do relatório da atividade de infiltração policial o agente relata ao delegado de polícia o que efetivamente apurou a respeito da organização criminosa, tudo em consonância com o que restar determinado no mandado de infiltração policial.

A Lei nº 12.850/13 silencia quanto ao momento em que deverá ser elaborado o relatório da atividade de infiltração policial. No entanto, vislumbramos, ao menos, duas situações, a saber:

a) **Relatório Parcial da Atividade de Infiltração Policial:**

Documento a ser elaborado *durante* a infiltração policial, e de acordo com a periodicidade previamente determinada pelo delegado de polícia (no plano de operação de infiltração policial) ou pelo magistrado (no mandado de infiltração policial), podendo ser diário, semanal, quinzenal, mensal, etc, conforme a peculiaridade de cada caso, e de acordo com os contornos da investigação, providência que objetiva, em última análise, verificar: se há algum dado concreto que possa indicar que a segurança do agente infiltrado esteja efetivamente comprometida (art. 12, § 3º, da Lei nº 12.850/13); se (e quais) provas a respeito das atividades ilícitas da organização criminosa foram obtidas (art. 3º, VII, da Lei nº 12.850/13); se a atuação do agente infiltrado está atentando para a devida proporcionalidade com a finalidade da investigação (art. 13, *caput*, da Lei nº 12.850/13); se os fins traçados estão sendo alcançados, dentre outros aspectos.

Ressalte-se, ainda, que a nova Lei do Crime Organizado não estabelece a forma a ser adotada para efeito de elaboração e encaminhamento, por parte do agente infiltrado, do relatório em tela. Por conseguinte, e tendo em vista a complexidade da tarefa, entendemos aceitável qualquer formato, desde que se cumpra os objetivos acima elencados, não importando, desta feita, que seja escrito (carta, bilhete, e-mail, mensagem através de aparelho celular, etc) ou até mesmo verbal (contato telefônico com o segmento externo da operação de infiltração policial, o qual, por sua vez, materializará, fidedignamente, o relato recebido). Quando da elaboração (e tramitação) do referido relatório, resta fundamental traçar estratégias que evitem a identificação do agente infiltrado.

b) **Relatório Final da Atividade de Infiltração Policial:**

Documento a ser elaborado pelo agente infiltrado quando do *término* da infiltração policial, ou seja, quando já estiver desincumbido da tarefa que lhe foi conferida, providência que objetiva verificar: se (e quais) provas a respeito das atividades ilícitas da organização criminosa foram obtidas (art. 3º, VII, da Lei nº 12.850/13); se a atuação do agente infiltrado guardou a devida proporcionalidade com a finalidade da investigação (art. 13, *caput*, da Lei nº 12.850/13); se os fins traçados foram alcançados, dentre outros aspectos.

Diferentemente do que foi dito quanto ao formato do documento parcial, o relatório final deverá ser elaborado de forma escrita. Da mesma forma, resta fundamental traçar estratégias que evitem a identificação do agente infiltrado.

6.2. Relatório Circunstanciado da Infiltração Policial:

Nos termos do art. 10, § 4º, da Lei nº 12.850/13, trata-se de relatório a ser elaborado pelo delegado de polícia ao término do prazo da infiltração policial, devendo ser encaminhado ao juiz competente, que imediatamente cientificará o Ministério Público.

De posse das informações fornecidas pelo agente infiltrado, bem como de outras obtidas (ou não) a partir delas, o delegado de polícia elaborará o pertinente relatório e o remeterá ao juiz competente, sempre atentando para o inflexível sigilo que a medida requer.

Tal documento deverá ser elaborado por escrito, evitando-se dados que possibilitem a identificação do agente infiltrado.

O presente relatório objetiva verificar: se (e quais) provas a respeito das atividades ilícitas da organização criminosa foram obtidas (art. 3º, VII, da Lei nº 12.850/13); se a atuação do agente infiltrado guardou a devida proporcionalidade com a finalidade da investigação (art. 13, *caput*, da Lei nº 12.850/13); se os fins traçados foram alcançados, dentre outros aspectos.

Capítulo IV

Da Operacionalização da Infiltração Policial

1. Plano Operacional:

Acreditamos que a complexidade jurídica da qual se reveste a infiltração policial foi devidamente abordada nos capítulos anteriores. No presente, analisaremos os aspectos operacionais relativos ao instituto jurídico, objetivando contribuir, assim, para a construção de uma doutrina que permita minimizar (ou até mesmo neutralizar) os riscos que lhe são inerentes.

Para tanto, antes mesmo da infiltração propriamente dita, é fundamental elaborar uma espécie de plano operacional, cujo conteúdo deverá conter alguns aspectos considerados imprescindíveis.

2. Conteúdo do Plano Operacional:

2.1. Seleção do Agente:

A Lei nº 12.850/13, no nosso entendimento, deveria ter dedicado algum dispositivo versando minimamente sobre a seleção do agente a ser infiltrado, o que, infelizmente, não aconteceu. Poderia a lei de regência, apenas como exemplo, ter exigido, por parte do agente infiltrado, algumas características básicas, tais como: aptidão psicológica para atuar como infiltrado, comprovada experiência em investigações complexas, formação e treinamento, dentre outras.

2.2. Formação e Treinamento:

Destacam-se, como de grande importância, a formação e o treinamento da equipe envolvida na missão e, em particular, do agente infiltrado, o que inclui, necessariamente, a transmissão de conhecimentos que guardem alguma relação com a atividade delituosa objeto da investigação.

A respeito da importância do treinamento em se tratando de investigação do crime organizado, destaca MENDRONI (2012, p. 81):

"Agir sem mínimo treinamento é agir de forma amadora. Treinamento é investimento, não gasto. Tanto juízes, promotores e policiais necessitam de treinamento, e, tratando-se de criminalidade organizada, deve ser buscado onde houver algum de bom nível, mesmo no exterior."

Antes mesmo do advento da Lei nº 12.850/13, FRANCO (2001, p. 584), atento à necessidade de se capacitar o agente infiltrado para a operação de infiltração policial, afirmava que:

"(...) a redação do art. 2º, V, da Lei nº 9.034/95 permite concluir apenas que a infiltração será 'constituída pelos órgãos especializados pertinentes', o que faz pressupor a existência, no aparelhamento policial, de um organismo destinado a fazer a designação, o treinamento e o acompanhamento da atuação dos agentes infiltrados."

A lição de FRANCO, embora ministrada sob a égide da legislação passada, parece-nos perfeitamente atual, razão pela qual defendemos que o desencadeamento de uma infiltração policial demanda, dentre outros aspectos operacionais, a formação e o treinamento dos agentes policiais que dela participarão.

A propósito, oportuno mencionar que tal imperativo, condizente com a complexidade da investigação relativa ao crime organizado, encontra acolhimento no art. 29 da Convenção de Palermo[55], instrumento

---

55 "Artigo 29
Formação e assistência técnica
1. Cada Estado Parte estabelecerá, desenvolverá ou melhorará, na medida das necessidades, programas de formação específicos destinados ao pessoal das autoridades competentes para a aplicação da lei, incluindo promotores públicos, juízes de instrução e funcionários aduaneiros, bem como outro pessoal que tenha por função prevenir, detectar e reprimir as infrações previstas na presente Convenção. Estes programas, que poderão prever cessões e intercâmbio de pessoal, incidirão especificamente, na medida em que o direito interno o permita, nos seguintes aspectos:
a) Métodos utilizados para prevenir, detectar e combater as infrações previstas na presente Convenção;
b) Rotas e técnicas utilizadas pelas pessoas suspeitas de implicação em infrações previstas na presente Convenção, incluindo nos Estados de trânsito, e medidas adequadas de combate;
c) Vigilância das movimentações dos produtos de contrabando;
d) Detecção e vigilância das movimentações do produto do crime, de bens, equipamentos ou outros instrumentos, de métodos de transferência, dissimulação ou disfarce destes

jurídico que, conforme afirmamos, encontra-se devidamente incorporado ao Direito pátrio, tendo em vista o disposto no Decreto Legislativo nº 231, de 29 de maio de 2003, que a aprovou, bem como no Decreto nº 5.015[56], de 12 de março de 2004, que a promulgou.

Por isso, entendemos ser dever do Estado, antes de proceder à infiltração, propiciar aos agentes policiais o conhecimento técnico imprescindível para o êxito da missão a ser desencadeada. O delegado de polícia, enquanto hierarquicamente responsável pela unidade de polícia judiciária, deve atentar para as características pessoais necessárias para o perfeito cumprimento da complexa tarefa, decidindo a respeito do servidor que reúna as melhores condições para a empreitada.

2.3. Estratégias de Infiltração Policial:

Concluindo-se que a infiltração policial, apesar de naturalmente arriscada, não acarreta um perigo absolutamente inaceitável e desproporcional para a vida (ou integridade física) do agente infiltrado[57], é preciso atentar para uma das ocasiões mais delicadas da operação, isto é, o exato instante em que o policial, uma vez infiltrado, travará o primeiro contato com os membros da organização criminosa. Para tanto, devem o delegado de polícia e a equipe envolvida discutir, no plano operacional, sobre as possíveis estratégias para que este "primeiro encontro" possa ser exitoso, possibilitando, assim, o prolongamento do contato inicial, a efetiva infiltração e, principalmente, a manutenção do nível de segurança do infiltrado.

Trata-se, como dito, de um momento pleno de riscos, pois ainda não conquistada a confiança dos membros da organização, motivo pelo qual deverá merecer a atenção estratégica do delegado de polícia e da equipe envolvida. Não há, a toda evidência, padrões a serem

---

produtos, bens, equipamentos ou outros instrumentos, bem como métodos de luta contra a lavagem de dinheiro e outras infrações financeiras;
e) Coleta de provas;
f) Técnicas de controle nas zonas francas e nos portos francos;
g) Equipamentos e técnicas modernas de detecção e de repressão, incluindo a vigilância eletrônica, as entregas vigiadas e as operações de infiltração;
h) Métodos utilizados para combater o crime organizado transnacional cometido por meio de computadores, de redes de telecomunicações ou outras tecnologias modernas; e
i) Métodos utilizados para a proteção das vítimas e das testemunhas."

56 Vide Anexo VI.
57 Em complementação elucidativa, entendemos que a infiltração policial nunca poderá revelar-se como algo temerário. Caso haja informações de que a vida do policial correrá risco demasiado e desproporcional, não deverá ser manejada.

previamente estabelecidos com o fim de tornar mais segura tal ocasião, tendo em vista a multiplicidade de variáveis a serem concretamente sopesadas. Certo é, todavia, que tal estratégia deve ser prévia à operação de infiltração propriamente dita.

2.4. Estratégias de Proteção da Identidade do Agente Infiltrado:

Resta evidente que o agente infiltrado não poderá utilizar seus dados pessoais, devendo, caso resolva participar da operação de infiltração policial (art. 14, I, da Lei nº 12.850/13), ocultar a verdadeira identidade.

Por ocasião da elaboração da Lei nº 12.850/13, tal aspecto restou devidamente apreciado pelo então senador Aloizio Mercadante, quando do parecer[58] proferido a respeito do PLS nº 150/06:

> *"(...) tendo em vista os riscos pessoais que a medida poderá acarretar, inclusive para sua integridade física e a de seus familiares, a alteração da identidade figura-se como medida imprescindível para sua segurança. O Estado, sob pena de inviabilizar a medida, deve proporcionar os meios necessários para garantir a integridade física e moral do agente infiltrado e de sua família, razão pela qual entendo como imprescindível a possibilidade de alteração da identidade, preservação do nome, qualificação, imagem, voz e demais informações pessoais, bem como o direito de não ter sua identidade revelada."*

A falsa identidade a ser fornecida ao agente infiltrado, neste aspecto, envolve, num primeiro momento, a elaboração de documentos falsos (carteira de identidade, passaporte, CNH, CPF, etc). No entanto, entendemos que tal providência deve incluir, ainda, a necessária inserção de dados falsos nos respectivos sistemas de banco de dados da administração pública, sob pena de se comprometer a operação de infiltração policial. E assim deve ser, considerando que, infelizmente, fatos concretos (conforme reiteradamente noticiados pela mídia) apontam que alguns servidores públicos (policiais ou não) corruptos[59] não somente

---

58 Disponível em: http://legis.senado.leg.br/mateweb/arquivos/mate-pdf/69368.pdf. Acesso em: 8 nov. 2013.

59 Afirma MENDRONI (2012, p. 217):
"A prática da corrupção envolve praticamente todas as formas de organizações criminosas, das que agem no âmbito dos crimes de colarinho branco, especialmente, e que podem envolver altos valores, mas também naquelas que atuam na prática de crimes de mais baixos, como por exemplo de furtos de veículos para desmanche e/ou venda, ou falsificações de CNHs, com todo o envolvimento de funcionários públicos."

auxiliam, como até mesmo constituem, organizações criminosas. Tais servidores, verdadeiros criminosos em essência, possuem, nesta condição, amplo acesso a vários bancos de dados, como o do Departamento de Trânsito - DETRAN e dos respectivos Institutos de Identificação estaduais, dentre outros.

Nesse sentido, resta evidente que a simples contrafação de um documento, em nosso entendimento, não será suficiente para ocultar a verdadeira identidade do agente infiltrado, posto ser possível que o referido servidor (atuando a serviço de uma organização criminosa) resolva checar os dados do novo "integrante", na realidade, o agente infiltrado. Se isso ocorrer, a efetiva inexistência de informações no sistema da administração pública, por si só, comprometerá toda a possibilidade de sucesso da operação, bem como colocará o agente infiltrado em sério risco de vida. Por conta disso, é fundamental providenciar que tais dados falsos (da carteira de identidade, apenas a título de exemplo) estejam, necessariamente, inseridos no sistema de dados, tudo em perfeita sintonia com a previsão legal ínsita no art. 14, II, da Lei nº 12.850/13, c/c art. 9º da Lei nº 9.807/99, Lei de Proteção à Testemunha[60]:

---

60 Dispõe a Lei nº 9.807/99:
"Art. 9º Em casos excepcionais e considerando as características e gravidade da coação ou ameaça, poderá o conselho deliberativo encaminhar requerimento da pessoa protegida ao juiz competente para registros públicos objetivando a alteração de nome completo.
§ 1º A alteração de nome completo poderá estender-se às pessoas mencionadas no § 1º do art. 2º desta Lei, inclusive aos filhos menores, e será precedida das providências necessárias ao resguardo de direitos de terceiros.
§ 2º O requerimento será sempre fundamentado, e o juiz ouvirá previamente o Ministério Público, determinando, em seguida, que o procedimento tenha rito sumaríssimo e corra em segredo de justiça.
§ 3º Concedida a alteração pretendida, o juiz determinará na sentença, observando o sigilo indispensável à proteção do interessado:
I - a averbação no registro original de nascimento da menção de que houve alteração de nome completo em conformidade com o estabelecido nesta Lei, com expressa referência à sentença autorizatória e ao juiz que a exarou e sem a aposição do nome alterado;
II - a determinação aos órgãos competentes para o fornecimento dos documentos decorrentes da alteração;
III - a remessa da sentença ao órgão nacional competente para o registro único de identificação civil, cujo procedimento obedecerá às necessárias restrições de sigilo.
§ 4º O conselho deliberativo, resguardado o sigilo das informações, manterá controle sobre a localização do protegido cujo nome tenha sido alterado.
§ 5º Cessada a coação ou ameaça que deu causa à alteração, ficará facultado ao protegido solicitar ao juiz competente o retorno à situação anterior, com a alteração para o nome original, em petição que será encaminhada pelo conselho deliberativo e terá manifestação prévia do Ministério Público."

"Art. 14. São direitos do agente:

(...);

II - ter sua identidade alterada, aplicando-se, no que couber, o disposto no art. 9º da Lei nº 9.807, de 13 de julho de 1999, bem como usufruir das medidas de proteção a testemunhas;

(...)."

A toda evidência, no caso, não há que se cogitar de crimes de falsificação de documento público (art. 297 do CP[61]), falsificação de documento particular (art. 298 do CP[62]), falsidade ideológica (art. 299 do CP[63]), falsa identidade (art. 307 do CP[64]), inserção de dados falsos em sistema de informações (art. 313-A do CP[65]) ou qualquer outro relacionado à preservação da identidade do agente infiltrado, desde que guardada a devida proporcionalidade com os objetivos a serem alcançados (art. 13, *caput*, da Lei nº 12.850/13).

---

61 Art. 297 - Falsificar, no todo ou em parte, documento público, ou alterar documento público verdadeiro:
Pena - reclusão, de 2 (dois) a 6 (seis) anos, e multa.
(...).

62 Art. 298 - Falsificar, no todo ou em parte, documento particular ou alterar documento particular verdadeiro:
Pena - reclusão, de 1 (um) a 5 (cinco) anos, e multa.
Falsificação de cartão
Parágrafo único. Para fins do disposto no *caput*, equipara-se a documento particular o cartão de crédito ou débito.

63 Art. 299 - Omitir, em documento público ou particular, declaração que dele devia constar, ou nele inserir ou fazer inserir declaração falsa ou diversa da que devia ser escrita, com o fim de prejudicar direito, criar obrigação ou alterar a verdade sobre fato juridicamente relevante:
Pena - reclusão, de 1 (um) a 5 (cinco) anos, e multa, se o documento é público, e reclusão de 1 (um) a 3 (três) anos, e multa, se o documento é particular.
Parágrafo único - Se o agente é funcionário público, e comete o crime prevalecendo-se do cargo, ou se a falsificação ou alteração é de assentamento de registro civil, aumenta-se a pena de sexta parte.

64 Art. 307 - Atribuir-se ou atribuir a terceiro falsa identidade para obter vantagem, em proveito próprio ou alheio, ou para causar dano a outrem:
Pena - detenção, de 3 (três) meses a 1 (um) ano, ou multa, se o fato não constitui elemento de crime mais grave.

65 Art. 313-A. Inserir ou facilitar, o funcionário autorizado, a inserção de dados falsos, alterar ou excluir indevidamente dados corretos nos sistemas informatizados ou bancos de dados da Administração Pública com o fim de obter vantagem indevida para si ou para outrem ou para causar dano:
Pena – reclusão, de 2 (dois) a 12 (doze) anos, e multa.

O art. 14, II, da Lei nº 12.850/13, a nosso ver corretamente, não elenca expressamente os tipos de documentos passíveis de serem alterados, sendo certo que cada caso demandará uma análise particular. No entanto, é possível afirmar que aqueles frequentemente utilizados no trato diário encontram-se efetivamente abrangidos pela norma jurídica acima transcrita, tais como a carteira de identidade, a CNH, o CPF, a carteira profissional, dentre outros. Dependendo dos contornos da investigação, nada obsta, à luz da nova lei, que se falsifique o passaporte do agente infiltrado, dentre outros, cabendo a decisão judicial fixar aqueles que poderão ser falsificados para o fim de infiltração policial.

2.5. Criação de Falsa História Cobertura:

A falsa identidade a ser legalmente atribuída ao agente infiltrado, bem como a respectiva inserção nos bancos de dados da administração pública, não são suficientes para o sucesso da operação de infiltração policial, posto ser de amplo conhecimento que todo ser humano, além da identidade, ostenta uma história de vida.

Assim, é imperioso criar-se uma nova história de vida (devidamente convincente, é claro) para o agente infiltrado, o qual deverá ser previamente treinado quanto à mesma. Logicamente, há de se atentar, neste sentido analítico, para a natureza da tarefa de infiltração policial, bem como para as características inerentes à organização criminosa que se pretende desmantelar.

2.6. Suporte Tecnológico-Operacional:

Para o mister operacional da infiltração policial, resta fundamental a disponibilização de um suporte tecnológico mínimo, tais como mecanismos que possibilitem a imediata comunicação entre o agente infiltrado e aquilo que denominamos de segmento externo da operação de infiltração, ou seja, a equipe que realizará o acompanhamento diuturno da tarefa. Como exemplos de aportes tecnológicos, citamos o GPS, o telefone celular, os equipamentos de captação ambiental de sinais eletromagnéticos, ópticos ou acústicos, etc.

Cabe ao Estado adotar as medidas tecnológicas necessárias para garantir, principalmente, a segurança do agente infiltrado. A captação ambiental de sinais eletromagnéticos, ópticos ou acústicos, devidamente autorizada (art. 3º, II, da Lei nº 12.850/13), afigura-se, no caso, extremamente importante, tendo em vista que o segmento externo da operação de infiltração policial poderá acompanhar o desenrolar interno da tarefa, podendo, assim, antecipar-se aos fatos.

Por exemplo, imaginemos que o chefe de determinado grupo criminoso confidencie aos demais membros da organização sua desconfiança quanto à verdadeira identidade de um dos integrantes (na realidade, o agente infiltrado). Tendo em vista a existência de equipamento destinado à captação ambiental de sinais acústicos, tal relato é devidamente captado pelo segmento externo da operação. Em casos assim, a toda evidência, a operação deverá ser imediatamente sustada pelo delegado de polícia, dando-se posterior ciência ao Ministério Público e ao magistrado, consoante determina o art. 12, § 3º, da Lei nº 12.850/13. Na hipótese em tela, a manutenção do agente no âmbito da organização criminosa rebaixaria indevida e perigosamente o nível de segurança, razão pela qual a melhor decisão a ser tomada é no sentido da imediata cessação.

3. Estrutura Operacional da Infiltração Policial:

A estrutura a ser conferida à operação de infiltração policial deve envolver, pelo menos, os seguintes segmentos e respectivas equipes:

3.1. Segmento Interno (ou Infiltração Policial Imediata):

O segmento interno (ou infiltração policial imediata) é constituído diretamente pelo agente infiltrado, devidamente formado e treinado, a quem se deve disponibilizar os meios necessários para o perfeito cumprimento da missão.

Trata-se, evidentemente, do segmento mais importante de uma operação de infiltração policial, tendo em vista a proximidade que será diretamente travada com o crime organizado. Por outro lado, constitui-se na tarefa mais arriscada, carecendo, portanto, receber a devida atenção por parte das autoridades envolvidas com a tarefa.

3.2. Segmento Externo (ou Infiltração Policial Mediata):

FRANCO (2001, p. 585), por ocasião da Lei nº 9.034/95, já atentava para a importância de se criar mecanismos voltados para o acompanhamento da medida de infiltração policial:

> *"De nada valeria, no entanto, o desempenho desse perigoso trabalho se as informações colhidas não fossem transmitidas de imediato à autoridade policial, que lhe é hierarquicamente superior ou ao juiz*

que é, afinal, quem autoriza o procedimento investigativo. É evidente que isso não exigiria um contato pessoal com essas autoridades, mas é lógico que algum canal de comunicação também sigiloso deverá ser montado para que a atividade do agente infiltrado possa ter algum sucesso, algum efeito prático."

Realmente, é fundamental criar-se um canal que possibilite a comunicação entre o agente infiltrado e os demais policiais envolvidos na operação, o que denominamos de segmento externo (ou infiltração policial mediata), setor que congrega as equipes[66] disponibilizadas pelo delegado de polícia para levar a efeito as diversas missões que circundam e dão apoio à infiltração policial imediata, tais como:

3.2.1. Equipe de Acompanhamento:

Trata-se da equipe responsável pelo acompanhamento diuturno da medida, bem como pela manutenção de contato permanente com o agente infiltrado, de modo a receber o relatório apontado no art. 10, § 5º, da Lei nº 12.850/13, ou qualquer outro dado urgente e relevante, tais como provas colhidas durante a operação.

3.2.2. Equipe de Análise de Dados:

Trata-se da equipe responsável por analisar, mais detidamente, os dados fornecidos pelo agente infiltrado, por meio de relatórios ou outra forma qualquer, dando-lhes, consequentemente, o devido encaminhamento.

3.2.3. Equipe de Proteção e Resgate:

Trata-se da equipe responsável pela proteção e pelo resgate imediato do agente infiltrado, caso se identifique iminente risco de vida, nos termos do art. 12, § 3º, da Lei nº 12.850/13. Cuida-se, como se vê, de equipe destinada exclusivamente a conferir proteção e proceder ao

---

[66] MENDRONI (2012, p. 128), concordando quanto à necessidade de se providenciar um conjunto de equipes destinadas a dar suporte à infiltração policial, leciona que:
"Parece inafastável que para cada policial infiltrado deverá corresponder o acompanhamento próximo de uma equipe de policiais de apoio, prontos a atuar nestas situações extremas e emergenciais. Evidentemente que a participação do agente policial como infiltrado na organização criminosa exige o constante monitoramento de suas atividades por parte de seus colegas policiais, de modo a viabilizar-lhe proteção em casos de ocorrência de qualquer situação de dificuldade que porventura possa suceder".

resgate do agente infiltrado. Para tanto, se necessário for, poderá o delegado de polícia solicitar, inclusive, apoio do serviço aeropolicial.

FRANCO (2001, p. 586), ao tempo da Lei nº 9.034/95, destacava a importância de tais mecanismos voltados para a proteção do agente infiltrado, os quais inexistiam na legislação anterior:

> "Merece também consideração a circunstância de que o legislador não se preocupou em estruturar um sistema de proteção adequado ao agente infiltrado."

3.2.4. Equipe de Controle:

Diante da complexidade inerente à infiltração policial, é absolutamente fundamental estabelecer mecanismos de controle sobre a operação propriamente dita, bem como quanto à atuação do agente infiltrado, ao qual, voltamos a frisar, jamais poderá ser conferida uma espécie de "carta branca" para o cometimento de crimes. Tal equipe, por conseguinte, controla a atuação direta do agente infiltrado, objetivando impedir qualquer desvirtuamento da medida, alertando-o quanto à proporcionalidade que deverá pautar sua atuação.

Obviamente, tal estrutura (equipes de acompanhamento, de análise de dados, de proteção e resgate e de controle) configura aquilo que acreditamos ser o mínimo necessário para se garantir algum suporte operacional à infiltração policial, podendo variar de acordo com a complexidade da missão.

4. Coordenação Operacional:

É inconteste que a coordenação da operação de infiltração policial deve ser atribuída ao delegado de polícia, conclusão que se extrai das previsões contidas no art. 144, § 4º, da CRFB[67], bem como nos arts. 10, 11 e 12 da Lei nº 12.850/13, os quais lhe conferem relevantes atribuições.

---

67 Dispõe a CRFB:
"Art. 144. A segurança pública, dever do Estado, direito e responsabilidade de todos, é exercida para a preservação da ordem pública e da incolumidade das pessoas e do patrimônio, através dos seguintes órgãos:
(...);
IV - polícias civis;
(...).
§ 4º - às polícias civis, dirigidas por delegados de polícia de carreira, incumbem, ressalvada a competência da União, as funções de polícia judiciária e a apuração de infrações penais, exceto as militares.
(...)."

5. Cessação da Operação de Infiltração Policial:

O momento da cessação da operação de infiltração policial também é merecedor de profunda reflexão e atenção, tendo em vista que a saída do agente infiltrado do âmbito de uma organização criminosa não poderá ocorrer sem o devido planejamento operacional, tudo com o propósito de resguardá-lo de eventuais represálias.

A Lei nº 12.850/13 quase nada tratou a respeito da questão, mantendo, assim, o anterior problema, há muito sinalizado pela doutrina pátria.

Nos casos de menor complexidade, a retirada do agente infiltrado do âmbito da organização criminosa poderá ocorrer através da simples desvinculação do policial, o que também demandará providências destinadas à proteção da sua verdadeira identidade. Ideal que, ao término da investigação, ao agente infiltrado seja concedida uma espécie de licença, de modo a justificar o seu desligamento, por mais algum tempo, da unidade de polícia judiciária.

De acordo com a Lei nº 12.850/13, é possível elencar as seguintes espécies de cessação da operação de infiltração policial:

5.1. Cessação Voluntária:

Nos termos do art. 14, I, da Lei nº 12.850/13, o agente poderá, a qualquer momento, fazer cessar a atuação infiltrada, independente de haver algum perigo iminente para sua vida. Embora a lei não tenha sido expressa, entendemos que, no presente caso, deverá o delegado de polícia dar imediata ciência ao Ministério Público e à autoridade judicial a respeito da cessação da infiltração policial, registrando, no relatório circunstanciado a ser por ele encaminhado, os motivos apontados pelo agente infiltrado para a tomada de tal decisão.

Empreendendo-se uma análise histórica a respeito da construção de tal dispositivo (art. 14, I, da Lei nº 12.850/13) no Congresso Nacional, cumpre registrar que o então senador Aloizio Mercadante, no parecer[68] proferido a respeito do PLS nº 150/06, deixou patente que a decisão quanto à continuidade ou não da operação de infiltração policial caberá, em última análise, ao próprio agente infiltrado:

---

68 Disponível em: http://legis.senado.leg.br/mateweb/arquivos/mate-pdf/69368.pdf. Acesso em: 8 nov. 2013.

"Considerando que o agente infiltrado é o responsável direto pela execução da medida, entendo que ninguém melhor que ele para avaliar os riscos da continuidade da ação ou sua implementação."

Para NUCCI (2013, p. 84), no entanto, a cessação da infiltração policial, por parte do próprio agente, não pode ser encarada como um direito absoluto:

"Quanto a cessar a atuação infiltrada não pode ser um direito absoluto e infundado, pois pode comprometer toda uma operação, colocando em risco outros agentes e fazer o Estado perder muito em todos os sentidos. Diante disso, a cessação deve ligar-se a motivos imperiosos, comprometedores da segurança do agente, de sua família ou algum problema inédito, que não mais lhe dê condições de permanência. Em suma, seus motivos serão averiguados no âmbito administrativo."

Realmente, a decisão do policial de fazer cessar a infiltração não pode ser desarrazoada. É preciso que haja alguma justificativa plausível. Ademais, caso a cessação tenha sido motivada por razões inescrupulosas (corrupção, por exemplo), o direito insculpido no art. 14, I, da Lei nº 12.850/13, a toda evidência, não afastará eventual responsabilidade penal que lhe poderá ser imputada.

5.2. Cessação Urgente:

Nos termos do art. 12, § 3º, da Lei nº 12.850/13, havendo risco iminente para o agente infiltrado, a operação será sustada mediante requisição do Ministério Público ou pelo delegado de polícia, dando-se imediata ciência ao Ministério Público e à autoridade judicial.

Trata-se de providência legal que objetiva resguardar a vida e a integridade física do agente infiltrado, ocasião em que a cessação será caracterizada como *urgente*, acionando-se, para tanto, se preciso for, a equipe de proteção e resgate.

Segundo a referida regra jurídica, o delegado de polícia[69] poderá determinar, de imediato e com a necessária urgência, a cessação da tarefa de infiltração, dando-se posterior ciência ao Ministério Público e ao magistrado.

---

69 MENDRONI (2012, p. 127), corroborando o nosso entendimento, afirma que o delegado de polícia é a pessoa mais capacitada para avaliar os riscos inerentes à infiltração policial, podendo decidir, em caso de urgência, pela imediata cessação da operação.

5.3. Cessação por Quebra de Sigilo:

Entendemos que eventual quebra de sigilo quanto aos procedimentos inerentes à operação de infiltração deverá ensejar a correspondente cessação da medida, invocando-se, para tanto, a regra do art. 12, § 3º, da Lei nº 12.850/13.

Na hipótese, a possibilidade de o agente infiltrado vir a ser descoberto torna-se ainda maior, rebaixando, por conseguinte, o nível aceitável de risco, razão pela qual, a nosso ver, a operação não poderá prosseguir.

5.4. Cessação por Êxito Operacional:

Malgrado a Lei nº 12.850/13 não tenha feito expressa referência à hipótese, há de se reconhecer, por absoluta lógica, que a obtenção de êxito durante a operação, ainda que antes do prazo máximo fixado na ordem judicial que a autorizou, deverá redundar na imediata cessação da infiltração policial, com as mencionadas consequências jurídicas.

Na situação ventilada, nada mais justificaria a permanência do agente infiltrado no âmbito da organização criminosa, posto que alcançada a finalidade do instituto.

5.5. Cessação por Expiração de Prazo:

Nos termos do art. 10, § 3º, da Lei nº 12.850/13, a infiltração policial poderá ser autorizada pelo prazo de até 6 (seis) meses, sem prejuízo de eventuais renovações, desde que comprovada sua necessidade. Consequentemente, findo o prazo fixado pelo magistrado, a operação deverá cessar, o que também exigirá algum planejamento por parte do delegado de polícia responsável pela investigação, de modo a preservar o sigilo quanto à identidade do agente.

5.6. Cessação por Atuação Desproporcional:

Segundo o art. 13, *caput*, da Lei nº 12.850/13, o agente que não guardar, em sua atuação, a devida proporcionalidade com a finalidade da investigação, responderá pelos excessos praticados.

Da norma jurídica em tela extrai-se que o agente infiltrado não se desvincula do dever de pautar sua conduta de acordo com o princípio da proporcionalidade. Por conseguinte, eventual descumprimento da mencionada regra poderá dar azo à cessação da operação de infiltração policial.

Capítulo V
Da Responsabilidade Penal do Agente Infiltrado

1. Análise da Legislação Anterior:

A Lei nº 9.034/95, mesmo com a redação determinada pela Lei nº 10.217/01, não havia disciplinado a questão epigrafada. Tendo em vista a importância da qual se reveste o tema, cumpre registrar alguns dados históricos que explicam a ausência de tratamento legal anterior, notadamente a partir dos debates travados, na ocasião, no Parlamento Federal.

A Lei nº 10.217/01 teve origem na Mensagem[70] nº 837, de 20 de junho de 2000, encaminhada ao Congresso Nacional pelo Poder Executivo. Na Câmara dos Deputados, transformou-se no PL nº 3.275/00, assim sintetizado:

> *"Art. 1º Esta lei define e regula meios de prova e procedimentos investigatórios que versem sobre a garantia da segurança e estabilidade institucional, ilícitos decorrentes de ações praticadas por quadrilha ou bando ou organizações ou associações criminosas de qualquer tipo.*
>
> *Art. 2º Em qualquer fase de persecução criminal, ou para a garantia da segurança e estabilidade institucional, são permitidos, sem prejuízo dos já previstos em lei, os seguintes procedimentos de investigação e formação de provas:*
>
> *(...).*
>
> *V – infiltração por agentes de polícia ou de inteligência, em tarefas de investigação ou de segurança institucional, constituída pelos órgãos especializados pertinentes, mediante circunstanciada autorização judicial.*

---

70 Disponível em: http://imagem.camara.gov.br/Imagem/d/pdf/DCD24JUN2000.pdf#page=4. Acesso em: 11 nov. 2013.

§ 1º. Na ação de infiltração a que se refere esta lei, é vedada qualquer coparticipação delituosa, ressalvado o disposto no art. 288 do Decreto-Lei nº 2.848, de 7 de dezembro de 1940 (Código Penal), ou em qualquer tipo análogo, ou da mesma espécie, de cuja ação fica excluída a antijuridicidade.

§ 2º. A autorização judicial será estritamente sigilosa e permanecerá nesta condição enquanto perdurar a infiltração."

Nota-se que o texto encaminhado pelo Poder Executivo vedava ao agente infiltrado, durante a operação de infiltração, qualquer coparticipação delituosa, ressalvado o disposto no art. 288 do CP (antigo crime de quadrilha ou bando), ou em qualquer tipo análogo, ou da mesma espécie, de cuja ação ficava excluída a antijuridicidade (art. 2º, § 1º).

Tal vedação ensejou amplo debate na Câmara dos Deputados, cabendo destacar a manifestação do então deputado Luiz Antonio Fleury[71]:

"(...) este projeto é um avanço em termos de investigação criminal. Todavia, preocupa-nos o disposto no § 1º do art. 2º do projeto, que estabelece que, na ação de infiltração a que se refere essa lei, é vedada qualquer coparticipação delituosa, ressalvado o disposto no art. 288 do Código Penal ou em qualquer tipo análogo da mesma espécie, de cuja ação fica excluída a antijuridicidade.

(...). Estamos dizendo que apenas se exclui a antijuridicidade, ou seja, o agente infiltrado só não responde pelo delito de quadrilha ou bando.

E se durante a infiltração ele tiver que praticar algum ato? Vamos supor, que ele esteja infiltrado para combater uma quadrilha de traficantes de entorpecentes e, no momento em que está acontecendo o tráfico, ele esteja ao lado do bando. Portanto, de alguma forma, contribuindo nos termos do Código Penal. Ele não responderia por quadrilha ou bando, mas pelo crime de tráfico de drogas, embora seja policial infiltrado.

Então (...), é da maior necessidade que se suprima o § 1º. Do contrário, a infiltração ficará prejudicada. O agente não responderia pelo crime mais leve, mas pelo crime mais grave que o praticado pela quadrilha ou bando em que esteja infiltrado.

---

71 Disponível em: http://imagem.camara.gov.br/Imagem/d/pdf/DCD14SET2000.pdf#page=200. Acesso em: 11 nov. 2013.

Assim, parece-me absolutamente contraditório. Se quisermos investigação coerente, deveremos suprimir o § 1º do art. 2º desse projeto."

A questão foi decidida por meio da supressão do § 1º do art. 2º do PL nº 3.275/00, conforme proposto por Fleury.

Ressalte-se, no entanto, que durante o processo legislativo referente à Lei nº 10.217/01, o Senado Federal, atuando como Casa Revisora, pretendeu inserir, no texto da proposição oriunda da Câmara dos Deputados (PL nº 3.275/00), uma emenda[72] (de nº 2), disciplinando a questão atinente à responsabilidade penal do agente infiltrado, redação que corresponderia ao art. 2º, § 1º, assim ventilado:

"Os atos típicos cometidos pelo agente policial infiltrado estão excluídos de ilicitude, por serem praticados em estrito cumprimento do dever legal, excetuando-se os excessos e omissões puníveis."

Verifica-se, portanto, que o Senado Federal, na ocasião, até tentou afastar a existência de crime por parte do agente infiltrado através da incidência de uma excludente de antijuridicidade (estrito cumprimento de dever legal, art. 23, III, 1ª parte, do CP). Todavia, a emenda foi rejeitada[73] pela Câmara dos Deputados.

Em suma, a presente questão não havia sido enfrentada pelas Leis nº 9.034/95 e nº 10.217/01. Embora o silêncio legal não tivesse inviabilizado, na ocasião, o efetivo manejo[74] da infiltração policial, preocupava em muito os operadores do Direito diretamente envolvidos com a ma-

---

[72] Disponível em: http://imagem.camara.gov.br/Imagem/d/pdf/DCD29NOV2000.pdf#page=64. Acesso em: 11 nov. 2013.
[73] Disponível em: http://imagem.camara.gov.br/Imagem/d/pdf/DCD21MAR2001.pdf#page=149. Acesso em: 11 nov. 2013.
[74] Nota-se, pelo julgado abaixo (STJ, Sexta Turma, HC nº 190.426/MS, rel. Min. Og Fernandes, julgado em 17.03.2011), que a infiltração policial (prevista no art. 53, I, da Lei nº 11.343/06), mesmo diante do apontado quadro lacunoso, foi efetivamente empregada pela polícia judiciária, bem como reconhecida enquanto meio de prova pelo Poder Judiciário:
HABEAS CORPUS. TRÁFICO E ASSOCIAÇÃO PARA O TRÁFICO DE DROGAS. ELEVADA QUANTIDADE DE ENTORPECENTE. ORGANIZAÇÃO CRIMINOSA. NÃO APLICAÇÃO DA CAUSA DE DIMINUIÇÃO PREVISTA NO ART. 33, § 4º, DA LEI Nº 11.343/06.
1. Diz o art. 33, § 4º, da Lei nº 11.343/06, que a pena pode ser reduzida de 1/6 (um sexto) a 2/3 (dois terços), desde que o paciente seja primário, portador de bons antecedentes, não integre organização criminosa nem se dedique a tais atividades.
2. A alegação de que o paciente preenche todos os requisitos para ter sua pena reduzida não pode ser acolhida, pois, conquanto primário, o Tribunal de origem afastou a pos-

téria, ou seja, o delegado de polícia, o membro do Ministério Público e o magistrado.

Em uma das primeiras obras dedicadas a analisar a tão criticada Lei nº 9.034/95, GOMES e CERVINI (1995, p. 91) foram categóricos em afirmar que pouco era de se esperar da infiltração policial, tendo em vista que *"jamais poderíamos autorizar o infiltrado a cometer crimes."*

Registre-se, ainda, que a completa inexistência de um norte legal mínimo possibilitava a sempre maléfica extração de inúmeras interpretações (e respectivas soluções jurídicas) discordantes sobre o tema.

À guisa de exemplo, MENDRONI (2012, p. 119), com base no teor do veto presidencial que recaiu sobre o art. 2º, I, da Lei nº 9.034/95, manifesta-se, a fim de afastar eventual responsabilidade penal do agente infiltrado, pela incidência de uma causa de exclusão da antijuridicidade (estrito cumprimento de dever legal):

"A exclusão da antijuridicidade é evidente e inafastável, pois, havendo autorização para a infiltração do agente, que significa integrar o bando, mas para fins de investigação criminal, que serve aos fins dos órgãos de persecução, ele não estaria na verdade integrando a organização criminosa, mas sim dissimulando a sua integração com a finalidade de coletar informações e melhor viabilizar o seu combate."

Discordando da posição de MENDRONI, BRITO (2012, p. 256) aduz que a Lei nº 9.034/95 não definiu o âmbito do estrito cumprimento de dever legal, o que, na sua ótica, seria um problema para a caracterização e aplicação da excludente em tela.

CURY (2012, p. 284), partindo de uma premissa restritiva, soluciona o problema no âmbito da culpabilidade:

---

sibilidade da incidência do referido redutor, a partir da análise de elementos concretos contidos nos autos.
3. Da sentença também se extrai o grau de complexidade do grupo criminoso em que estava inserido o paciente, tanto que, para o seu desmantelamento, fez-se necessária intensa investigação policial, levada a efeito por escutas telefônicas judicialmente autorizadas e infiltração de agentes, o que viabilizou a apreensão de elevada quantidade de droga, a saber, 89,3 kg (oitenta e nove quilos e trezentos gramas) de maconha, de propriedade do paciente.
4. De se ver que a *mens legis* da causa de diminuição de pena seria alcançar aqueles pequenos traficantes, circunstância diversa da vivenciada nos autos, dada a apreensão de expressiva quantidade de entorpecente, com alto poder destrutivo.
5. Ordem denegada.

"Ao nosso sentir, o agente infiltrado somente poderá praticar conduta delitiva para salvaguardar sua própria segurança, sendo assim imprescindível a prática do crime. Sob esse viés, estará amparado pela inexigibilidade de conduta diversa, desde que demonstrado que não agiu com arbitrariedade, afastando-se assim a própria culpabilidade (...)."

FRANCO (2001, p. 586), focando a Lei nº 9.034/95, traz à tona algumas soluções jurídicas (estrito cumprimento de dever legal[75], exercício regular de direito[76], obediência hierárquica[77] e escusa absolutória) apontadas pela doutrina anterior à Lei nº 12.850/13:

"Na doutrina discute-se a posição jurídica do agente infiltrado, afirmando alguns a licitude de seu procedimento por ter atuado no estrito cumprimento de seu dever ou no exercício regular de direito legal ou a carência de culpabilidade por obediência hierárquica a ordem não manifestamente ilegal. Já outros asseguram existir na hipótese escusa absolutória, o que implica o reconhecimento da prática de fato criminoso, sem imposição de pena em virtude de postura político-criminal."

Da mesma forma, JESUS e BECHARA (2005), também enfrentando a questão sob a ótica do quadro legal anterior, elencam um rol ainda mais amplo para solucionar a questão atinente à responsabilidade penal do agente infiltrado:

"Discute-se, entretanto, qual seria a natureza jurídica da exclusão da responsabilidade penal do agente infiltrado. É possível identificar as seguintes soluções:

1.ª) trata-se de uma causa de exclusão de culpabilidade, por inexigibilidade de conduta diversa. Isso porque, se o agente infiltrado tivesse decidido não participar da empreitada criminosa, poderia ter comprometido a finalidade perseguida com a infiltração, ou seja, não havia alternativa senão a prática do crime;

2.ª) escusa absolutória: o agente infiltrado age acobertado por uma escusa absolutória, na medida em que, por razões de política criminal, não é razoável nem lógico admitir a sua responsabilidade

---

75 Conforme art. 23, III, 1ª parte, do CP.
76 Conforme art. 23, III, 2ª parte, do CP.
77 Conforme art. 22, 2ª parte, do CP.

penal. A importância da sua atuação está diretamente associada à impunidade do delito perseguido;

3.ª) trata-se de causa excludente da ilicitude, uma vez que o agente infiltrado atua no estrito cumprimento do dever legal;

4.ª) atipicidade penal da conduta do agente infiltrado. Essa atipicidade, todavia, poderia decorrer de duas linhas de raciocínio distintas. A atipicidade poderia derivar da ausência de dolo por parte do agente infiltrado, uma vez que ele não age com a intenção de praticar o crime, mas visando a auxiliar a investigação e a punição do integrante ou dos integrantes da organização criminosa. Faltaria, assim, imputação subjetiva. De outro lado, a atipicidade poderia derivar da ausência de imputação objetiva, porque a conduta do agente infiltrado consistiu numa atividade de risco juridicamente permitida, portanto, sem relevância penal.

Seja lá qual for a interpretação que se faça em relação à natureza jurídica da isenção da responsabilidade penal do agente infiltrado, para que essa efetivamente se ultime, devem concorrer algumas exigências: a) a atuação do agente infiltrado precisa ser judicialmente autorizada; b) a atuação do agente infiltrado o qual comete a infração penal deve ser uma consequência necessária e indispensável para o desenvolvimento da investigação, além de ser proporcional à finalidade perseguida, de modo a evitar ou coibir abusos ou excessos; c) o agente infiltrado não pode induzir ou instigar os membros da organização criminosa a cometer o crime, o que configuraria um delito provocado, o qual, devido à sua impossibilidade de consumação, é impune tanto em relação ao sujeito provocado como ao provocador. O provocador poderia responder pelo crime de abuso de autoridade."

2. Análise da Lei n° 12.850/13:

O Congresso Nacional, ao contemplar o País com o marco regulatório da infiltração policial, atentou para a inevitável questão atinente à responsabilidade penal do agente envolvido na tarefa, providência que, ao nosso sentir, cumpre a importante função de reforçar, no policial infiltrado, o compromisso com uma investigação criminal calcada em princípios inerentes a um Estado Democrático de Direito, sinalizando-lhe que qualquer desvio poderá ensejar a devida responsabilidade penal.

Pelo que se depreende da pesquisa por nós realizada a respeito do PLS n° 150/06, do qual se originou a Lei n° 12.850/13, o assunto concernente à responsabilidade penal do agente infiltrado foi inicialmente cogitado pelo saudoso senador Romeu Tuma, ainda quando da processo legislativo referente à Lei nº 10.217/01, conforme restou consignado pelo então senador Aloizio Mercadante no parecer[78] referente ao PLS nº 150/06:

> *"O art. 14 resgata uma preocupação do senador Romeu Tuma, materializada em emenda que apresentou, na condição de relator da matéria, por ocasião da tramitação do PLC nº 58, de 2000, que se converteu na Lei nº 10.217, de 2001."*

Da leitura do parecer do então senador Aloizio Mercadante constata-se que o Senado Federal optara pela figura jurídica do estrito cumprimento de dever legal, bem como pretendera estabelecer um rol de infrações penais que não poderiam ser cometidas de maneira alguma pelo agente infiltrado no âmbito da operação de infiltração:

> *"A formulação que adoto pretende resguardar o agente infiltrado da responsabilidade por eventuais delitos praticados, tendo-se em conta a exclusão de ilicitude ou antijuridicidade prevista no inciso III do art. 23 do Código Penal: estrito cumprimento do dever legal. Mas é preciso moldar essa garantia com a mais apropriada compatibilização com o princípio da proporcionalidade ou da razoabilidade, em seu sentido substantivo, para que não se alegue ofensa à Constituição. Não pode a medida de exceção violar preceitos fundamentais. Nesse sentido, seria razoável, sob o manto da excludente de ilicitude, permitir que o agente infiltrado pratique alguns atos como membro da organização criminosa, desde que estes não configurem crimes contra a vida, a liberdade sexual e de tortura, em razão da relevância dos bens jurídicos protegidos. Com o fito de garantir a lisura da medida e o respeito ao devido processo legal, a comunicação deverá ser feita ao magistrado imediatamente."*

Assim, quanto ao tema em foco, a redação[79] proposta pelo Senado Federal, ao final, foi a seguinte:

> *"Art. 14 O agente que não guardar, na sua atuação, a devida proporcionalidade com a finalidade da investigação responderá pelos excessos praticados.*

---

78 Disponível em: http://legis.senado.leg.br/mateweb/arquivos/mate-pdf/69368.pdf. Acesso em: 8 nov. 2013.

79 Disponível em: http://legis.senado.leg.br/mateweb/arquivos/mate-pdf/69368.pdf. Acesso em: 8 nov. 2013.

§1º. O agente infiltrado responderá em caso de prática de crimes dolosos contra a vida, a liberdade sexual e de tortura.

§2º Se o agente infiltrado praticar infrações penais ao abrigo de excludente de ilicitude ou a fim de não prejudicar as investigações, tal fato deverá ser imediatamente comunicado ao magistrado o qual decidirá, ouvido o Ministério Público, sobre a continuidade ou não da infiltração."

Posteriormente, já no âmbito da Câmara dos Deputados, os excessos passíveis de serem cometidos pelo agente infiltrado, bem como a inexorável necessidade de coibi-los, também foram expressamente considerados pelo deputado Vieira da Cunha no parecer[80] pertinente ao PL nº 6.578/09, ora sintetizado:

"A propósito, durante os debates também foi sugerido o aperfeiçoamento do instituto da infiltração de agentes, no sentido de coibir o cometimento de excessos por parte do agente infiltrado sem inviabilizar a aplicação desse instituto. De acordo com o texto proposto, o agente infiltrado responderá, na forma da lei, por toda conduta que não respeite a proporcionalidade com a finalidade da investigação e, apenas estará isento de punição quando praticar conduta para a qual não lhe possa ser exigida outra atitude, seja para preservação de sua vida, da investigação ou mesmo da integridade física de outrem. Com este ajuste, deixou-se de listar, no projeto de lei, os crimes que não poderão ser cometidos pelo agente infiltrado, uma vez que a inclusão daquele rol (contendo crimes dolosos contra a vida, a liberdade sexual e de tortura) permitiria à organização criminosa criar 'rituais' específicos para a identificação desses agentes."

Assim, após a tramitação percorrida no Senado Federal (PLS nº 150/06) e na Câmara dos Deputados (PL nº 6.578/09), a Lei nº 12.850/13 trouxe, finalmente, em necessária complementação elucidativa, dispositivo dedicado à questão da responsabilidade penal do agente infiltrado, ventilado nos seguintes termos finais:

---

80 Disponível em: http://www.camara.gov.br/proposicoesWeb/prop_mostrarintegra?codteor=1027084&filename=PRL+1+CCJC+%3D%3E+PL+6578/2009. Acesso em: 5 nov. 2013.

"Art. 13. O agente que não guardar, em sua atuação, a devida proporcionalidade com a finalidade da investigação, responderá pelos excessos praticados.

Parágrafo único. Não é punível, no âmbito da infiltração, a prática de crime pelo agente infiltrado no curso da investigação, quando inexigível conduta diversa."

Da regra acima é possível extrair três conclusões imediatamente perceptíveis, a saber:

a) Em primeiro lugar, a Lei nº 12.850/13, no *caput* do dispositivo transcrito, atesta a responsabilidade penal do agente por eventuais excessos cometidos durante a infiltração policial. Desta feita, para que tal não ocorra, a conduta do infiltrado deverá ser proporcional ao fim almejado. Assim, a nova lei demonstra quão importante será o princípio constitucional da proporcionalidade[81] para efeito de aferição de eventual responsabilidade penal, coibindo, portanto, a prática de excessos.

b) Em seguida, no parágrafo único, a legislação sob comento aduz *não ser punível*, no âmbito da infiltração policial, a prática de crime pelo agente infiltrado no curso da investigação, quando lhe for *inexigível* conduta diversa.

c) Por fim, a partir de uma interpretação lógico-racional, a lei sinaliza *ser punível*, no âmbito da infiltração policial, a prática de crime pelo agente infiltrado no curso da investigação, quando lhe for, ao contrário, *exigível* conduta diversa.

---

81 O Supremo Tribunal Federal, em diversas ocasiões, acolheu o princípio da proporcionalidade em suas decisões, tal como ocorreu no HC nº 99.832/MG, Segunda Turma, rel. Min. Celso de Mello, julgado em 17.11.2009, cuja ementa sintetizamos:
(...) O Poder Público, especialmente em sede penal, não pode agir imoderadamente, pois a atividade estatal, ainda mais em tema de liberdade individual, acha-se essencialmente condicionada pelo princípio da razoabilidade, que traduz limitação material à ação normativa do Poder Legislativo. O exame da adequação de determinado ato estatal ao princípio da proporcionalidade, exatamente por viabilizar o controle de sua razoabilidade, com fundamento no art. 5º, LV, da Carta Política, inclui-se no âmbito da própria fiscalização de constitucionalidade das prescrições normativas emanadas do Poder Público. O princípio da proporcionalidade, essencial à racionalidade do Estado Democrático de Direito e imprescindível à tutela mesma das liberdades fundamentais, proíbe o excesso e veda o arbítrio do Poder, extraindo a sua justificação dogmática de diversas cláusulas constitucionais, notadamente daquela que veicula, em sua dimensão substantiva ou material, a garantia do "due process of law" (...).

Assim, o art. 13, parágrafo único, parte final, da Lei nº 12.850/13, evidencia que o agente infiltrado, em algumas ocasiões, mesmo atuando enquanto tal, deverá agir conforme o Direito, sob pena de ser criminalmente responsabilizado. Portanto, a redação conferida ao art. 13 da Lei nº 12.850/13 revela que o legislador não conferiu ao agente infiltrado uma "carta branca" para cometer crimes.

A dúvida que certamente surgirá no âmbito doutrinário e jurisprudencial refere-se ao significado da expressão *não é punível*, conforme empregada no parágrafo único do art. 13 da nova Lei do Crime Organizado. A doutrina, ao se deparar com tal expressão, geralmente afirma tratar-se de uma causa excludente da culpabilidade. Todavia, não podemos deixar de reconhecer, em tom de advertência, que o legislador pátrio comumente se pauta pela condenável imprecisão terminológica em seus textos legais, conduzindo o intérprete a incansáveis debates objetivando aclarar as inevitáveis dúvidas que deles naturalmente emergem.

No entanto, no caso ventilado pelo art. 13, parágrafo único, da Lei nº 12.850/13, parece-nos que tal imprecisão não se faz propriamente presente, uma vez que a dita expressão é imediatamente complementada por outra *(quando inexigível conduta diversa)*, sobre cuja natureza não há qualquer controvérsia. Aqui, parece-nos, não há o que se discutir: trata-se verdadeiramente de uma causa legal excludente da culpabilidade, por ser inexigível, do agente infiltrado, em alguns casos, um comportamento diverso.

No mesmo sentido manifesta-se NUCCI (2013, p. 83):

> *"Constrói-se, então, a excludente capaz de imunizar o agente infiltrado pelo cometimento de algum delito: inexigibilidade de conduta diversa (art. 13, parágrafo único, da Lei nº 12.850/2013).*
>
> *Trata-se de excludente de culpabilidade, demonstrando não haver censura ou reprovação social ao autor do injusto penal (fato típico e antijurídico), porque se compreende estar ele envolvido por circunstâncias especiais raras, evidenciando não lhe ter sido possível adotar conduta diversa."*

Com efeito, a exclusão da culpabilidade, segundo a parte final do parágrafo único do art. 13 da Lei nº 12.850/13, dependerá da constatação de que o agente infiltrado não possuía condições de atuar de modo diferente, vale dizer, conforme o Direito.

Não obstante, algumas dúvidas importantes ainda emergem do texto legal: versaria o art. 13, parágrafo único, da Lei nº 12.850/13 sobre que conduta do agente infiltrado? Aquela consistente em se infiltrar na organização criminosa? Aquela através da qual o agente infiltrado concorre, de alguma forma, para as atividades delituosas típicas da organização criminosa? Ou alguma outra conduta praticada pelo policial infiltrado no contexto da infiltração?

Como o dispositivo legal em comento não esclarece satisfatoriamente, vemo-nos na inafastável obrigação de comentá-las, razão pela qual analisaremos a seguir cada uma das hipóteses levantadas.

3. Condutas do Agente Infiltrado e Respectiva Responsabilidade Penal:

A toda evidência, o policial, ao se infiltrar (com autorização judicial) na organização, não responderá pelo crime[82] tipificado no art. 2º da Lei nº 12.850/13. Neste caso, qual seria o fundamento jurídico da inexistência de responsabilidade penal por parte do agente infiltrado?

Respondendo a tal pergunta, a partir de uma análise a respeito das categorias da teoria geral do delito, é possível conjecturar, num primeiro momento, que o agente, ao se infiltrar na organização criminosa, obtendo e repassando à Polícia informações (integrantes, atividades, estrutura, *modus operandi*, financiamento, esquema de lavagem de capital, etc) sobre a máquina delituosa, permitindo o seu desmantelamento, não

---

82 Art. 2º Promover, constituir, financiar ou integrar, pessoalmente ou por interposta pessoa, organização criminosa.

Pena - reclusão, de 3 (três) a 8 (oito) anos, e multa, sem prejuízo das penas correspondentes às demais infrações penais praticadas.

§ 1º Nas mesmas penas incorre quem impede ou, de qualquer forma, embaraça a investigação de infração penal que envolva organização criminosa.

§ 2º As penas aumentam-se até a metade se na atuação da organização criminosa houver emprego de arma de fogo.

§ 3º A pena é agravada para quem exerce o comando, individual ou coletivo, da organização criminosa, ainda que não pratique pessoalmente atos de execução.

§ 4º A pena é aumentada de 1/6 (um sexto) a 2/3 (dois terços):

I - se há participação de criança ou adolescente;

II - se há concurso de funcionário público, valendo-se a organização criminosa dessa condição para a prática de infração penal;

III - se o produto ou proveito da infração penal destinar-se, no todo ou em parte, ao exterior;

IV - se a organização criminosa mantém conexão com outras organizações criminosas independentes;

V - se as circunstâncias do fato evidenciarem a transnacionalidade da organização.

praticaria crime algum, por se tratar simplesmente de *fato atípico*. Tal solução comportaria, ainda, uma dupla análise, a saber:

a) Levando-se em conta o *tipo objetivo*, é possível argumentar que a infiltração policial não gera um risco juridicamente proibido. Ao contrário, o reduz, faltando, no caso, nos termos da teoria da imputação objetiva, critério de imputação do resultado.

b) Já sob o prisma do *tipo subjetivo*, pode-se afirmar que o comportamento do agente infiltrado não se reveste de dolo, posto que não age com a vontade livre e consciente de concretizar os elementos do tipo objetivo insculpido no art. 2º da Lei nº 12.850/13. Ao contrário, o que se almeja, na realidade, é reprimir a atividade delituosa e obter provas dos delitos cometidos pela organização.

Prosseguindo na resposta à pergunta anterior, sustenta-se, ainda, que a inexistência de responsabilidade penal por parte do agente infiltrado quanto ao delito do art. 2º da Lei nº 12.850/13 decorreria da incidência de uma *causa de exclusão da antijuridicidade* (estrito cumprimento de dever legal). Neste particular, cumpre repisar o que dizia a redação original prevista no art. 2º, I, da Lei nº 9.034/95, que acabou, como vimos, sendo vetada:

"Art. 2º Em qualquer fase de persecução criminal que verse sobre ação praticada por organizações criminosas são permitidos, além dos já previstos na lei, os seguintes procedimentos de investigação e formação de provas:
I - a infiltração de agentes de polícia especializada em quadrilhas ou bandos, vedada qualquer coparticipação delituosa, exceção feita ao disposto no art. 288 do Decreto-Lei nº 2.848, de 7 de dezembro de 1940 - Código Penal, de cuja ação se preexclui, no caso, a antijuridicidade;
(...)."

Nota-se, pela leitura do trecho grifado, que o Congresso Nacional esboçou uma análise acerca da responsabilidade penal do infiltrado, especificamente quanto ao, à época, crime de quadrilha ou bando (conforme antiga redação do art. 288 do CP), afastando-a, entretanto, através do estrito cumprimento de dever legal, dispositivo que não vingou, tendo em vista o veto presidencial que incidiu sobre o art. 2º, I, da Lei nº 9.034/95. Por conseguinte, é possível antever que parte da doutrina, ao analisar o tema sob a ótica da Lei nº 12.850/13, certamente fundamentará a não punição do policial infiltrado (quanto ao crime do art. 2º da nova Lei do Crime Organizado) no mesmo estrito cumprimento de dever legal. Contra tal solução haverá entendimento doutrinário no sentido de que o policial, consoante a regra contida no art. 14, I, primeira parte, da Lei nº 12.850/13, possui o direito de recusar a infiltração, dificultando, portanto, a caracterização do denominado *dever legal*, imprescindível para a configuração de tal excludente de antijuridicidade.

Por fim, da mesma forma, defender-se-á que a irresponsabilidade penal quanto ao crime previsto no art. 2º da nova Lei nº 12.850/13 estaria amparada na *exclusão da culpabilidade* do agente infiltrado, por lhe ser inexigível conduta diversa, nos termos do art. 13, parágrafo único, da Lei nº 12.850/13. No entanto, invocar tal dispositivo para sustentar essa excludente de culpabilidade parece-nos estranho, tendo em vista que o Estado, ao inserir um de seus agentes no mundo do crime, de modo a desmantelá-lo, jamais poderia, em face de uma contradição lógica, exigir dele um comportamento conforme o Direito, ou seja, a não infiltração na organização criminosa.

Por conta disso, preferimos a primeira solução, porque, a nosso ver, a ação específica de se infiltrar na organização, com o objetivo de desmantelá-la, não se reveste de *tipicidade*, não sendo correto invocar, neste diapasão analítico, nem o estrito cumprimento de dever legal, nem a causa excludente de culpabilidade insculpida no art. 13, parágrafo único, da Lei nº 12.850/13.

Cumpre, agora, analisar a responsabilidade penal do agente infiltrado quanto à ação de concorrer para as atividades delituosas típicas da organização criminosa. Evidente que o policial, após se infiltrar, passará a cometer, em concurso (coautoria ou participação[83]) com os verdadeiros membros do grupo, ações delituosas típicas da organização criminosa. À guisa de exemplo, imaginemos o seguinte caso hipotético: um policial, infiltrado numa organização dedicada ao tráfico internacional de armas de fogo, atua diretamente na aquisição de grande quantidade de armas, descobrindo, assim, informações acerca do fornecedor, da rota e do destino a ser dado ao armamento. Cumpre notar que o agente

---

83 Sobre o tema *concurso de pessoas*, dispõe o art. 29, *caput*, do Código Penal (Decreto-Lei nº 2.848/40):
"Quem, de qualquer modo, concorre para o crime incide nas penas a este cominadas, na medida de sua culpabilidade."

infiltrado insere-se numa realidade criminosa em curso, ou seja, a organização já se dedicava à traficância. Significa dizer que a infiltração policial não gerou qualquer vontade delituosa nos verdadeiros integrantes, não havendo que se falar, desta feita, em provocação. Tal detalhe é extremamente importante, tendo em vista que o agente infiltrado não poderá atuar como provocador de ações criminosas, sob pena de comprometer toda a prova colhida.

As mesmas soluções elencadas anteriormente (atipicidade, exclusão da antijuridicidade e excludente de culpabilidade) são defensáveis neste momento. Assim, teríamos as seguintes soluções possíveis:

a) Inexistência de responsabilidade penal por se tratar de *conduta atípica*, seja pelo prisma objetivo (de acordo com a teoria da imputação objetiva), seja pelo aspecto subjetivo (por ausência de dolo).

b) Inexistência de responsabilidade penal por se tratar de conduta que, embora típica, não se revestiria de caráter ilícito, por ter o agente infiltrado agido no *estrito cumprimento de dever legal*.

c) Inexistência de responsabilidade penal por se tratar de conduta que, embora típica e antijurídica, não seria passível de reprovação, por ser inexigível uma conduta diversa (art. 13, parágrafo único, da Lei nº 12.850/13). Não haveria, portanto, culpabilidade.

Igualmente, no nosso entender, invocar este último dispositivo para sustentar a exclusão da culpabilidade do agente infiltrado soa, no mínimo, contraditório, tendo em vista que o Estado, ao inseri-lo no mundo do crime, de modo a desmantelar a organização criminosa, sabe que o infiltrado, muito provavelmente, concorrerá, de alguma forma, nos termos do art. 29, *caput*, do CP, para as ações desenvolvidas pela máquina delituosa, estando plenamente ciente, de antemão, de que não poderá exigir dele uma conduta em consonância com o Direito. Aliás, o que o Estado espera do agente infiltrado é justamente que ele desempenhe bem a complexa tarefa de se infiltrar, convencendo os verdadeiros integrantes a respeito da sua falsa identidade. Por conseguinte, o Estado sabe perfeita e previamente que não poderá exigir do policial infiltrado outro comportamento, a não ser que o mesmo contribua, embora com finalidade diversa, para a prática delituosa, objetivando, em última análise, desmantelar a organização criminosa. Por conta disso, entendemos que a ação de concorrer para a prática delitiva, cumprimento exatamente aquilo que restou consubstanciado na ordem judicial, configura nítida hipótese de estrito cumprimento de dever legal.

Não obstante tudo o que foi exposto anteriormente, é possível que, durante o desenrolar da operação de infiltração, o agente infiltrado venha a se deparar com situações absolutamente estranhas e imprevisíveis, não lhe restando outra opção a não ser o cometimento de condutas em tese delituosas, o que demandará seja aferida eventual responsabilidade penal. A solução a respeito da responsabilidade penal do agente infiltrado, na presente hipótese, é extremamente polêmica e complexa, devendo ser analisada com todo o rigor possível.

A fim de demonstrar quão problemática é a questão, imaginemos, por exemplo, que o descuido de um dos integrantes da organização criminosa tenha permitido a apreensão, por parte da Polícia, das armas de fogo utilizadas pelo grupo. O "chefe", revoltado com tal desídia, ordena que o referido integrante displicente seja imediatamente morto, escalando, para tanto, e a fim de testá-lo, o novato do grupo (na realidade, um policial que havia recentemente se infiltrado na organização criminosa). O policial, sentindo-se ameaçado, mas ciente de que sua conduta deve pautar-se pelo que preceitua o art. 13 da Lei n° 12.850/13, tenta se desvencilhar da "missão" que lhe foi confiada, dizendo ao mandante que a pessoa descuidada era merecedora de uma segunda chance, no que é contundentemente advertido e ameaçado de morte pelo "criminoso líder."

NUCCI (2013, p. 83), enfrentando situação semelhante, apresenta a seguinte solução:

"Ilustrando, o agente se infiltra em organização criminosa voltada a delitos financeiros; não há cabimento em matar alguém somente para provar lealdade a um líder. Por outro lado, é perfeitamente admissível que o agente promova uma falsificação documental para auxiliar o grupo a incrementar um delito financeiro."

MENDRONI (2012, p. 122-123), quanto à delicada questão, aduz o seguinte:

"Exemplificando, entre a vida e a intimidade ou a privacidade, evidentemente que a primeira tem maior peso, merecendo, em caso de necessidade, a sua eleição em detrimento das demais. Nada poderia justificar o sacrifício de uma vida em favor da infiltração do agente

e este deverá utilizar de todas as suas habilidades para impedi-lo. Claro que, para um policial infiltrado, impossibilitado de impedir o pior, em caso extremo, como, por exemplo, com uma arma apontada para sua cabeça e a ordem do criminoso para que atire em outra pessoa, a solução estará nos princípios do direito penal, no caso, que nos parecer, a excludente de culpabilidade pela coação moral irresistível."

4. Agente Infiltrado *versus* Agente Provocador:

Nesta hipótese, o agente infiltrado, integrando-se na organização criminosa, passa a atuar como indutor de ações ou omissões delituosas, atuando, então, como verdadeiro *agente provocador*[84], figura jurídica não admitida pelo Direito brasileiro.

A título de exemplo, podemos citar o caso do policial que, infiltrado numa organização criminosa dedicada ao tráfico internacional de

---

84 Por oportuno, confira-se o seguinte julgado (STJ, Sexta Turma, HC n° 17.483/GO, rel. Min. Hamilton Carvalhido, julgado em 11.09.2001) que, de forma indireta, analisa a postura do agente provocador, bem como a questão inerente à prova produzida nessa circunstância:
HABEAS CORPUS. NEGATIVA DE AUTORIA. NECESSIDADE DE EXAME APROFUNDADO DO CONJUNTO FÁTICO-PROBATÓRIO. FLAGRANTE PROVOCADO, FORJADO E PREPARADO. ENUNCIADO N° 145 DA SÚMULA DO SUPREMO TRIBUNAL FEDERAL. INAPLICABILIDADE ÀS HIPÓTESES DE FLAGRANTE PREPARADO. MATERIALIDADE. RESPONSABILIDADE PENAL. CONCESSÃO DA ORDEM.
1. Não demonstrada na luz da evidência, *primus ictus oculi*, a negativa de autoria, deve a questão, por demandar aprofundado exame do conjunto fático-probatório, ser decidida em momento processual oportuno, qual seja, por ocasião da prolação da sentença, refugindo a matéria, pois, da via (...) do *habeas corpus*.
2. Não há confundir flagrante preparado, forjado e esperado. No primeiro, "o agente é induzido à prática de um crime pela 'pseudo vítima', por terceiro ou pela polícia, no caso chamado de agente provocador"; no segundo, 'os policiais ou particulares 'criam' provas de um crime inexistente"; já no terceiro, "a atividade policial é apenas de alerta, sem instigar o mecanismo causal da infração, e que procura colher a pessoa ao executar a infração (...), quer porque recebeu informações a respeito do provável cometimento do crime, quer porque exercia vigilância sobre o delinquente." (*in* Processo Penal, Julio Fabbrini Mirabete, Editora Atlas, 5ª edição, 1996, páginas 371/373).
3. O enunciado n° 145 da Súmula do Supremo Tribunal Federal não se aplica à hipótese de flagrante esperado.
4. O fato de o réu não ser encontrado com a substância entorpecente não o exime de responsabilidade penal na hipótese de a droga ter sido descoberta previamente por policiais que, retirando-a do ambiente em que originariamente acondicionada, mas aguardando em vigília o retorno do acusado ao local em que depositada, executam sua prisão.
5. Embora caracterizada a justa causa para a ação penal, deve-se desconstituir a prisão cautelar na hipótese de a precipitada apreensão do entorpecente pela polícia excluir a situação de flagrância do crime, rompendo a relação material que une o tóxico ao traficante.
6. Ordem concedida para desconstituir o auto de prisão em flagrante.

drogas, passa a induzir os criminosos a diversificarem os negócios ilícitos, neles despertando o interesse pelo rentável tráfico internacional de armas de fogo.

Verifica-se que o agente infiltra-se numa realidade em curso, ou seja, a organização criminosa já se dedicava à traficância de drogas. Por conseguinte, quanto ao crime de tráfico ilícito de drogas[85] (art. 33, *caput*, da Lei nº 11.343/06) a infiltração policial não gerou qualquer vontade delituosa nos verdadeiros integrantes, não havendo que se falar, portanto, em provocação.

Não obstante, haverá, neste contexto analítico, provocação quanto ao crime do Estatuto do Desarmamento (tráfico internacional de arma de fogo[86], art. 18 da Lei nº 10.826/03), uma vez que o policial infiltrado efetivamente induziu os membros da organização criminosa a uma nova empreitada, tomando, de antemão, as medidas necessárias para surpreendê-los em flagrante delito. Temos, aqui, por conseguinte, duas situações distintas: ***a)*** na primeira hipótese, referente ao tráfico ilícito de drogas, não houve provocação alguma por parte do agente infiltrado e, por consequência, nenhuma responsabilidade penal pairará sobre ele, cujas soluções possíveis já foram anteriormente externadas; ***b)*** já no segundo momento, ao induzir os criminosos a investirem numa nova modalidade delituosa, houve indiscutível provocação, o que poderá acarretar a ilicitude da prova colhida[87], bem como eventual responsabilidade penal do agente infiltrado, nos termos do art. 13, *caput*, da Lei nº 12.850/13.

No mesmo sentido, a posição de BRITO (2012, p. 265):

"Destarte, proíbe-se a provocação do comportamento criminoso pelo agente policial. Nesse caso, viola-se o direito fundamental de

---

85 Art. 33. Importar, exportar, remeter, preparar, produzir, fabricar, adquirir, vender, expor à venda, oferecer, ter em depósito, transportar, trazer consigo, guardar, prescrever, ministrar, entregar a consumo ou fornecer drogas, ainda que gratuitamente, sem autorização ou em desacordo com determinação legal ou regulamentar:
Pena - reclusão de 5 (cinco) a 15 (quinze) anos e pagamento de 500 (quinhentos) a 1.500 (mil e quinhentos) dias-multa.

86 Art. 18. Importar, exportar, favorecer a entrada ou saída do território nacional, a qualquer título, de arma de fogo, acessório ou munição, sem autorização da autoridade competente:
Pena – reclusão de 4 (quatro) a 8 (oito) anos, e multa.

87 Ressalte-se, inclusive, o teor da Súmula 145 do STF:
"Não há crime, quando a preparação do flagrante pela polícia torna impossível a sua consumação."

não se autoacusar e o da amplitude de defesa, comprometidos pelo engano provocado pelo agente infiltrado."

A respeito da responsabilidade penal do agente infiltrado que atua como provocador, MELÍA e BARBOSA (2008, p. 91) afirmam que:

"En lo que respecta al agente provocador, éste es considerado como un autentico inductor, quien si querer la consumación del delito, adopta las medidas de precaución oportunas para posibilitar el procesamiento de los criminales. La doctrina no ha sido pacifica al momento de determinar los limites de su responsabilidad criminal, valga destacar que las tesis que excluyen tal incriminación consideran que en la conducta del agente provocador falta el dolo en la consumación del delito, como elemento que exige la inducción. No obstante, existe uma tendencia internacional liderada por la jurisprudencia del Tribunal Supremo Español y el Tribunal de Derechos Humanos que considera posible la sanción de las condutas desarroladas por el agente provocador."

Enfim, segundo a doutrina predominante, o agente infiltrado jamais poderá atuar como provocador, sob pena de comprometer a licitude da prova colhida durante a operação.

Capítulo VI
Da Infiltração Policial no Direito Comparado

1. Infiltração Policial na Alemanha:

1.1. Previsão Legal:

Na Alemanha, o Código de Processo Penal (*Das Strafprozeßordnung - StPO*[88]), nos parágrafos 110a e 110b, estabelece o seguinte:

§ 110a.

(1) Verdeckte Ermittler dürfen zur Aufklärung von Straftaten eingesetzt werden, wenn zureichende tatsächliche Anhaltspunkte dafür vorliegen, daß eine Straftat von erheblicher Bedeutung

1. auf dem Gebiet des unerlaubten Betäubungsmittel- oder Waffenverkehrs, der Geld- oder Wertzeichenfälschung,

2. auf dem Gebiet des Staatsschutzes (§§ 74a, 120 des Gerichtsverfassungsgesetzes),

3. gewerbs- oder gewohnheitsmäßig oder

4. von einem Bandenmitglied oder in anderer Weise organisiert

begangen worden ist. Zur Aufklärung von Verbrechen dürfen Verdeckte Ermittler auch eingesetzt werden, soweit auf Grund bestimmter Tatsachen die Gefahr der Wiederholung besteht. Der Einsatz ist nur zulässig, soweit die Aufklärung auf andere Weise aussichtslos oder wesentlich erschwert wäre. Zur Aufklärung von Verbrechen dürfen Verdeckte Ermittler außerdem eingesetzt werden, wenn die besondere Bedeutung der Tat den Einsatz gebietet und andere Maßnahmen aussichtslos wären.

(2) Verdeckte Ermittler sind Beamte des Polizeidienstes, die unter einer ihnen verliehenen, auf Dauer angelegten, veränderten Identität (Legende) ermitteln. Sie dürfen unter der Legende am Rechtsverkehr teilnehmen.

---

88 Disponível em: http://www.gesetze-im-internet.de/stpo/. Acesso em: 21 dez. 2013.

(3) Soweit es für den Aufbau oder die Aufrechterhaltung der Legende unerläßlich ist, dürfen entsprechende Urkunden hergestellt, verändert und gebraucht werden.

§ 110b.

(1) Der Einsatz eines Verdeckten Ermittlers ist erst nach Zustimmung der Staatsanwaltschaft zulässig. Besteht Gefahr im Verzug und kann die Entscheidung der Staatsanwaltschaft nicht rechtzeitig eingeholt werden, so ist sie unverzüglich herbeizuführen; die Maßnahme ist zu beenden, wenn nicht die Staatsanwaltschaft binnen drei Werktagen zustimmt. Die Zustimmung ist schriftlich zu erteilen und zu befristen. Eine Verlängerung ist zulässig, solange die Voraussetzungen für den Einsatz fortbestehen.

(2) Einsätze,

1. die sich gegen einen bestimmten Beschuldigten richten oder

2. bei denen der Verdeckte Ermittler eine Wohnung betritt, die nicht allgemein zugänglich ist,

bedürfen der Zustimmung des Gerichts. Bei Gefahr im Verzug genügt die Zustimmung der Staatsanwaltschaft. Kann die Entscheidung der Staatsanwaltschaft nicht rechtzeitig eingeholt werden, so ist sie unverzüglich herbeizuführen. Die Maßnahme ist zu beenden, wenn nicht das Gericht binnen drei Werktagen zustimmt. Absatz 1 Satz 3 und 4 gilt entsprechend.

(3) Die Identität des Verdeckten Ermittlers kann auch nach Beendigung des Einsatzes geheimgehalten werden. Die Staatsanwaltschaft und das Gericht, die für die Entscheidung über die Zustimmung zu dem Einsatz zuständig sind, können verlangen, daß die Identität ihnen gegenüber offenbart wird. Im übrigen ist in einem Strafverfahren die Geheimhaltung der Identität nach Maßgabe des § 96 zulässig, insbesondere dann, wenn Anlaß zu der Besorgnis besteht, daß die Offenbarung Leben, Leib oder Freiheit des Verdeckten Ermittlers oder einer anderen Person oder die Möglichkeit der weiteren Verwendung des Verdeckten Ermittlers gefährden würde.

1.2. Síntese das Características da Infiltração Policial na Alemanha:

Na Alemanha, a figura jurídica do agente infiltrado (*Verdeckter Ermittler*) foi introduzida através de uma legislação destinada a combater o narcotráfico e outras formas de criminalidade organizada (*Gesetz zur*

Bekämpfung des illegalen Rauschgifthandels und anderer Erscheinungsformen der Organisierten Kriminalität - OrgKG), datada 15 de julho de 1992.

Da análise do referido texto jurídico extraem-se, em linhas gerais, as seguintes conclusões a respeito da infiltração policial na Alemanha:

a) Segundo o Direito alemão, a atuação de um agente infiltrado é admitida, por exemplo, nos casos de tráfico ilícito de drogas, de tráfico ilícito de armas, de falsificação de moeda, de segurança do Estado, bem como quando se tratarem de fatos cometidos de modo habitual ou por organização criminosa.

b) A infiltração policial somente é permitida se for considerada imprescindível.

c) De acordo com o § 110a (2), o agente infiltrado deve ser integrante do serviço policial, atuando a partir de uma identidade falsa, a ser outorgada por determinado período de tempo. Nota-se, desde logo, que a legislação alemã afasta a possibilidade de um particular atuar numa infiltração policial.

d) A legislação alemã prevê a utilização de documentos falsos por parte do agente infiltrado.

e) A infiltração policial depende de autorização (por escrito) do Ministério Público. Mas, em caso de urgência, deve ser empregada imediatamente, devendo ser interrompida se houver manifestação contrária por parte do referido órgão ministerial.

f) A infiltração policial deve ser autorizada por prazo determinado, podendo haver prorrogação.

g) O agente infiltrado necessita de autorização judicial para ingressar em local que não pertença ao domínio público, mas, em casos urgentes, pode haver apenas autorização do Ministério Público.

2. Infiltração Policial na Espanha:

2.1. Previsão Legal:

Na Espanha, o Código de Processo Penal (*Ley de Enjuiciamiento Criminal*[89]), no artigo 282 bis, estabelece o seguinte:

---
89 Disponível em: https://www.boe.es/buscar/pdf/1882/BOE-A-1882-6036-consolidado.pdf. Acesso em: 26 out. 2013.

Artículo 282 bis.

1. A los fines previstos en el artículo anterior y cuando se trate de investigaciones que afecten a actividades propias de la delincuencia organizada, el Juez de Instrucción competente o el Ministerio Fiscal dando cuenta inmediata al Juez, podrán autorizar a funcionarios de la Policía Judicial, mediante resolución fundada y teniendo en cuenta su necesidad a los fines de la investigación, a actuar bajo identidad supuesta y a adquirir y transportar los objetos, efectos e instrumentos del delito y diferir la incautación de los mismos. La identidad supuesta será otorgada por el Ministerio del Interior por el plazo de seis meses prorrogables por períodos de igual duración, quedando legítimamente habilitados para actuar en todo lo relacionado con la investigación concreta y a participar en el tráfico jurídico y social bajo tal identidad.

La resolución por la que se acuerde deberá consignar el nombre verdadero del agente y la identidad supuesta con la que actuará en el caso concreto. La resolución será reservada y deberá conservarse fuera de las actuaciones con la debida seguridad.

La información que vaya obteniendo el agente encubierto deberá ser puesta a la mayor brevedad posible en conocimiento de quien autorizó la investigación. Asimismo, dicha información deberá aportarse al proceso en su integridad y se valorará en conciencia por el órgano judicial competente.

2. Los funcionarios de la Policía Judicial que hubieran actuado en una investigación con identidad falsa de conformidad a lo previsto en el apartado 1, podrán mantener dicha identidad cuando testifiquen en el proceso que pudiera derivarse de los hechos en que hubieran intervenido y siempre que así se acuerde mediante resolución judicial motivada, siéndole también de aplicación lo previsto en la Ley Orgánica 19/1994, de 23 de diciembre.

Ningún funcionario de la Policía Judicial podrá ser obligado a actuar como agente encubierto.

3. Cuando las actuaciones de investigación puedan afectar a los derechos fundamentales, el agente encubierto deberá solicitar del órgano judicial competente las autorizaciones que, al respecto, establezca la Constitución y la Ley, así como cumplir las demás previsiones legales aplicables.

4. A los efectos señalados en el apartado 1 de este artículo, se considerará como delincuencia organizada la asociación de tres o más personas para realizar, de forma permanente o reiterada, conductas que tengan como fin cometer alguno o algunos de los delitos siguientes:

a) Delitos de obtención, tráfico ilícito de órganos humanos y trasplante de los mismos, previstos en el artículo 156 bis del Código Penal.

b) Delito de secuestro de personas previsto en los artículos 164 a 166 del Código Penal.

c) Delito de trata de seres humanos previsto en el artículo 177 bis del Código Penal.

d) Delitos relativos a la prostitución previstos en los artículos 187 a 189 del Código Penal.

e) Delitos contra el patrimonio y contra el orden socioeconómico previstos en los artículos 237, 243, 244, 248 y 301 del Código Penal.

f) Delitos relativos a la propiedad intelectual e industrial previstos en los artículos 270 a 277 del Código Penal.

g) Delitos contra los derechos de los trabajadores previstos en los artículos 312 y 313 del Código Penal.

h) Delitos contra los derechos de los ciudadanos extranjeros previstos en el artículo 318 bis del Código Penal.

i) Delitos de tráfico de especies de flora o fauna amenazada previstos en los artículos 332 y 334 del Código Penal.

j) Delito de tráfico de material nuclear y radiactivo previsto en el artículo 345 del Código Penal.

k) Delitos contra la salud pública previstos en los artículos 368 a 373 del Código Penal.

l) Delitos de falsificación de moneda, previsto en el artículo 386 del Código Penal, y de falsificación de tarjetas de crédito o débito o cheques de viaje, previsto en el artículo 399 bis del Código Penal.

m) Delito de tráfico y depósito de armas, municiones o explosivos previsto en los artículos 566 a 568 del Código Penal.

n) Delitos de terrorismo previstos en los artículos 572 a 578 del Código Penal.

o) Delitos contra el patrimonio histórico previstos en el artículo 2.1.e de la Ley Orgánica 12/1995, de 12 de diciembre, de represión del contrabando.

5. El agente encubierto estará exento de responsabilidad criminal por aquellas actuaciones que sean consecuencia necesaria del desarrollo de la investigación, siempre que guarden la debida proporcionalidad con la finalidad de la misma y no constituyan una provocación al delito.

Para poder proceder penalmente contra el mismo por las actuaciones realizadas a los fines de la investigación, el Juez competente para conocer la causa deberá, tan pronto tenga conocimiento de la actuación de algún agente encubierto en la misma, requerir informe relativo a tal circunstancia de quien hubiere autorizado la identidad supuesta, en atención al cual resolverá lo que a su criterio proceda.

2.2. Síntese das Características da Infiltração Policial na Espanha:

A infiltração policial foi introduzida no ordenamento jurídico espanhol por meio da Lei Orgânica nº 5, de 13 janeiro de 1999, que inseriu no Código de Processo Penal espanhol (*Ley de Enjuiciamiento Criminal*) o art. 282 bis, acima transcrito.

Da análise do referido texto jurídico extraem-se, em linhas gerais, as seguintes conclusões a respeito da infiltração policial na Espanha:

a) A infiltração policial tem por objetivo investigar atividades delituosas próprias de organizações criminosas.

b) Deve ser fundamentadamente autorizada pelo juiz da instrução ou pelo Ministério Público, o qual deve dar ciência ao magistrado.

c) A infiltração policial somente pode ser autorizada diante da comprovação de sua imprescindibilidade.

d) Somente os integrantes da polícia judiciária podem figurar como agentes infiltrados, os quais devem atuar com identidade fictícia.

e) O prazo da infiltração policial é de 6 (seis) meses, prorrogáveis por períodos de igual duração.

f) A decisão que autoriza a infiltração policial deve ser sigilosa.

g) As informações colhidas pelo agente infiltrado durante a infiltração devem ser repassadas, com a maior brevidade possível, a quem autorizou a investigação.

h) Os agentes (da polícia judiciária) que tenham atuado em uma investigação com identidade falsa podem mantê-la, caso devam testemunhar em eventual processo decorrente dos fatos nos quais atuaram, sempre mediante motivada autorização judicial.

i) Nenhum funcionário da polícia judiciária pode ser obrigado a atuar como agente infiltrado.

j) Quando a investigação puder afetar direitos fundamentais, o agente infiltrado deverá solicitar ao órgão judicial competente a devida autorização que, a respeito, estabeleçam a Constituição e a Lei, assim como cumprir as demais previsões legais aplicáveis.

l) A legislação espanhola expressamente define delinquência organizada como sendo a associação de 3 (três) ou mais pessoas para realizar, de forma permanente ou reiterada, uma das seguintes condutas delituosas: delitos de obtenção, tráfico ilícito de órgãos humanos e transplante dos mesmos (art. 156 bis do Código Penal espanhol); delito de sequestro de pessoas (arts. 164 a 166 do Código Penal espanhol); delito de tráfico de seres humanos (art. 177 bis do Código Penal espanhol); delitos relativos à prostituição (arts. 187 a 189 do Código Penal espanhol); delitos contra o patrimônio e contra a ordem socioeconômica (arts. 237, 243, 244, 248 e 301 do Código Penal espanhol); delitos relativos à propriedade intelectual e industrial (arts. 270 a 277 do Código Penal espanhol); delitos contra os direitos dos trabalhadores (arts. 312 e 313 do Código Penal espanhol); delitos contra os direitos dos cidadãos estrangeiros (art. 318 bis do Código Penal espanhol); delitos de tráfico de espécimes da flora ou da fauna ameaçada (arts. 332 e 334 do Código Penal espanhol); delito de tráfico de material nuclear e radiativo (art. 345 do Código Penal espanhol); delitos contra a saúde pública (arts. 368 a 373 do Código Penal espanhol); delitos de falsificação de moeda (art. 386 do Código Penal espanhol) e de falsificação de cartões de crédito, débito ou cheques de viagem (art. 399 do Código Penal espanhol); delito de tráfico e depósito de armas, munições ou explosivos (arts. 566 a 568 do Código Penal espanhol); delitos de terrorismo (arts. 572 a 578 do

Código Penal espanhol); delitos contra o patrimônio histórico (art. 2º, 1, e, da Lei Orgânica nº 12, de 12 de dezembro de 1995, lei de repressão ao contrabando).

m) O agente infiltrado está isento de responsabilidade penal pelas ações que sejam consequência necessária para o desenvolvimento da investigação, desde que guarde a devida proporcionalidade com a finalidade da mesma e não constituam uma provocação à prática do delito.

3. Infiltração Policial na França:

3.1. Previsão Legal:

Na França, a infiltração policial encontra-se prevista nos arts. 706-81 a 706-87 do Código de Processo Penal (*Code de Procédure Pénale*[90]):

Titre XXV: De la procédure applicable à la criminalité et à la délinquance organisées.

Article 706-73.

La procédure applicable à l'enquête, la poursuite, l'instruction et le jugement des crimes et des délits suivants est celle prévue par le présent code, sous réserve des dispositions du présent titre:

1º Crime de meurtre commis en bande organisée prévu par le 8º de l'article 221-4 du code pénal;

2º Crime de tortures et d'actes de barbarie commis en bande organisée prévu par l'article 222-4 du code pénal;

3º Crimes et délits de trafic de stupéfiants prévus par les articles 222-34 à 222-40 du code pénal;

4º Crimes et délits d'enlèvement et de séquestration commis en bande organisée prévus par l'article 224-5-2 du code pénal;

5º Crimes et délits aggravés de traite des êtres humains prévus par les articles 225-4-2 à 225-4-7 du code pénal;

6º Crimes et délits aggravés de proxénétisme prévus par les articles 225-7 à 225-12 du code pénal;

---

90 Disponível em: http://www.legifrance.gouv.fr/affichCode.do;jsessionid=9B2F4AE7F66 8B8486F835B5F74511E2E.tpdjo14v_3?idSectionTA=LEGISCTA000006167520&cidTe xte=LEGITEXT000006071154&dateTexte=20131027. Acesso em: 26 out. 2013.

7° Crime de vol commis en bande organisée prévu par l'article 311-9 du code pénal;

8° Crimes aggravés d'extorsion prévus par les articles 312-6 et 312-7 du code pénal;

9° Crime de destruction, dégradation et détérioration d'un bien commis en bande organisée prévu par l'article 322-8 du code pénal;

10° Crimes en matière de fausse monnaie prévus par les articles 442-1 et 442-2 du code pénal;

11° Crimes et délits constituant des actes de terrorisme prévus par les articles 421-1 à 421-5 du code pénal;

12° Délits en matière d'armes et de produits explosifs commis en bande organisée, prévus par les articles L. 2339-2, L. 2339-8, L. 2339-10, L. 2341-4, L. 2353-4 et L. 2353-5 du code de la défense;

13° Délits d'aide à l'entrée, à la circulation et au séjour irréguliers d'un étranger en France commis en bande organisée prévus par le quatrième alinéa du I de l'article 21 de l'ordonnance n° 45-2658 du 2 novembre 1945 relative aux conditions d'entrée et de séjour des étrangers en France;

14° Délits de blanchiment prévus par les articles 324-1 et 324-2 du code pénal, ou de recel prévus par les articles 321-1 et 321-2 du même code, du produit, des revenus, des choses provenant des infractions mentionnées aux 1° à 13°;

15° Délits d'association de malfaiteurs prévus par l'article 450-1 du code pénal, lorsqu'ils ont pour objet la préparation de l'une des infractions mentionnées aux 1° à 14°.

Pour les infractions visées aux 3°, 6° et 11°, sont applicables, sauf précision contraire, les dispositions du présent titre ainsi que celles des titres XV, XVI et XVII.

Article 706-74.

Lorsque la loi le prévoit, les dispositions du présent titre sont également applicables:

1° Aux crimes et délits commis en bande organisée, autres que ceux relevant de l'article 706-73;

2° Aux délits d'association de malfaiteurs prévus par le deuxième alinéa de l'article 450-1 du code pénal autres que ceux relevant du 15° de l'article 706-73 du présent code.

Section 2 : De l'infiltration.

Article 706-81.

Lorsque les nécessités de l'enquête ou de l'instruction concernant l'un des crimes ou délits entrant dans le champ d'application de l'article 706-73 le justifient, le procureur de la République ou, après avis de ce magistrat, le juge d'instruction saisi peuvent autoriser qu'il soit procédé, sous leur contrôle respectif, à une opération d'infiltration dans les conditions prévues par la présente section.

L'infiltration consiste, pour un officier ou un agent de police judiciaire spécialement habilité dans des conditions fixées par décret et agissant sous la responsabilité d'un officier de police judiciaire chargé de coordonner l'opération, à surveiller des personnes suspectées de commettre un crime ou un délit en se faisant passer, auprès de ces personnes, comme un de leurs coauteurs, complices ou receleurs. L'officier ou l'agent de police judiciaire est à cette fin autorisé à faire usage d'une identité d'emprunt et à commettre si nécessaire les actes mentionnés à l'article 706-82. A peine de nullité, ces actes ne peuvent constituer une incitation à commettre des infractions.

L'infiltration fait l'objet d'un rapport rédigé par l'officier de police judiciaire ayant coordonné l'opération, qui comprend les éléments strictement nécessaires à la constatation des infractions et ne mettant pas en danger la sécurité de l'agent infiltré et des personnes requises au sens de l'article 706-82.

Article 706-82.

Les officiers ou agents de police judiciaire autorisés à procéder à une opération d'infiltration peuvent, sur l'ensemble du territoire national, sans être pénalement responsables de ces actes:

1° Acquérir, détenir, transporter, livrer ou délivrer des substances, biens, produits, documents ou informations tirés de la commission des infractions ou servant à la commission de ces infractions;

2° Utiliser ou mettre à disposition des personnes se livrant à ces infractions des moyens de caractère juridique ou financier ainsi que des moyens de transport, de dépôt, d'hébergement, de conservation et de télécommunication.

L'exonération de responsabilité prévue au premier alinéa est également applicable, pour les actes commis à seule fin de procéder à l'opération d'infiltration, aux personnes requises par les officiers ou agents de police judiciaire pour permettre la réalisation de cette opération.

Article 706-83.

A peine de nullité, l'autorisation donnée en application de l'article 706-81 est délivrée par écrit et doit être spécialement motivée.

Elle mentionne la ou les infractions qui justifient le recours à cette procédure et l'identité de l'officier de police judiciaire sous la responsabilité duquel se déroule l'opération.

Cette autorisation fixe la durée de l'opération d'infiltration, qui ne peut pas excéder quatre mois. L'opération peut être renouvelée dans les mêmes conditions de forme et de durée. Le magistrat qui a autorisé l'opération peut, à tout moment, ordonner son interruption avant l'expiration de la durée fixée.

L'autorisation est versée au dossier de la procédure après achèvement de l'opération d'infiltration.

Article 706-84.

L'identité réelle des officiers ou agents de police judiciaire ayant effectué l'infiltration sous une identité d'emprunt ne doit apparaître à aucun stade de la procédure.

La révélation de l'identité de ces officiers ou agents de police judiciaire est punie de cinq ans d'emprisonnement et de 75 000 euros d'amende.

Lorsque cette révélation a causé des violences, coups et blessures à l'encontre de ces personnes ou de leurs conjoints, enfants et ascendants directs, les peines sont portées à sept ans d'emprisonnement et à 100 000 euros d'amende.

Lorsque cette révélation a causé la mort de ces personnes ou de leurs conjoints, enfants et ascendants directs, les peines sont portées à dix ans d'emprisonnement et à 150 000 euros d'amende, sans préjudice, le cas échéant, de l'application des dispositions du chapitre Ier du titre II du livre II du code pénal.

Article 706-85.

En cas de décision d'interruption de l'opération ou à l'issue du délai fixé par la décision autorisant l'infiltration et en l'absence de prolongation, l'agent infiltré peut poursuivre les activités mentionnées à l'article 706-82, sans en être pénalement responsable, le temps strictement nécessaire pour lui permettre de cesser sa surveillance dans des conditions assurant sa sécurité sans que cette durée puisse excéder quatre mois. Le magistrat ayant délivré l'autorisation prévue à l'article 706-81 en est informé dans les meilleurs délais. Si, à l'issue du délai de quatre mois, l'agent infiltré ne peut cesser son opération dans des conditions assurant sa sécurité, ce magistrat en autorise la prolongation pour une durée de quatre mois au plus.

Article 706-86.

L'officier de police judiciaire sous la responsabilité duquel se déroule l'opération d'infiltration peut seul être entendu en qualité de témoin sur l'opération.

Toutefois, s'il ressort du rapport mentionné au troisième alinéa de l'article 706-81 que la personne mise en examen ou comparaissant devant la juridiction de jugement est directement mise en cause par des constatations effectuées par un agent ayant personnellement réalisé les opérations d'infiltration, cette personne peut demander à être confrontée avec cet agent dans les conditions prévues par l'article 706-61. Les questions posées à l'agent infiltré à l'occasion de cette confrontation ne doivent pas avoir pour objet ni pour effet de révéler, directement ou indirectement, sa véritable identité.

Article 706-87.

Aucune condamnation ne peut être prononcée sur le seul fondement des déclarations faites par les officiers ou agents de police judiciaire ayant procédé à une opération d'infiltration.

Les dispositions du présent article ne sont cependant pas applicables lorsque les officiers ou agents de police judiciaire déposent sous leur véritable identité.

3.2. Síntese das Características da Infiltração Policial na França:

Da análise do referido texto jurídico extraem-se, em linhas gerais, as seguintes conclusões a respeito da infiltração policial na França:

a) A legislação francesa expressamente menciona um rol de delitos que admitem o emprego da infiltração policial.

b) A infiltração policial deve ser autorizada pelo procurador da República ou pelo magistrado. Sob pena de nulidade, tal autorização deve ser emitida por escrito e especialmente motivada. Deve, ainda, mencionar as infrações penais que justifiquem o recurso à medida em questão, além da identidade do oficial de polícia judiciária responsável pelo desenvolvimento da operação de infiltração.

c) A autorização deve fixar o prazo da operação de infiltração, não podendo exceder a 4 (quatro) meses, prazo este que poderá ser prorrogado, desde que mantidas as mesmas condições (modo e duração). O magistrado que autorizou a operação de infiltração poderá, a qualquer momento, ordenar a sua interrupção.

d) A autorização para a infiltração policial somente será inserida nos autos do procedimento após a conclusão da respectiva operação.

e) A infiltração policial deve ser levada a efeito por um oficial ou agente da polícia judiciária, especialmente habilitado de acordo com as condições fixadas.

f) O agente infiltrado está autorizado a fazer uso de uma identidade falsa. A verdadeira identidade do oficial ou agente de polícia judiciária não poderá, em nenhum momento do procedimento, ser revelada.

g) A revelação da identidade do oficial ou agente de polícia judiciária que atuou na operação de infiltração policial é punida pela legislação francesa.

h) O agente infiltrado poderá cometer, excepcionalmente, as condutas expressamente mencionadas no artigo 706-82 do Código de Processo Penal francês (*Code de Procédure Pénale*), sendo que tal isenção de responsabilidade é igualmente aplicável às pessoas requisitadas pelos oficiais ou agentes de polícia judiciária para viabilizar a operação.

i) Sob pena de nulidade da medida, o agente infiltrado não poderá induzir ou instigar pessoas investigadas ao cometimento de crimes ou delitos. Não se admite, portanto, a figura do agente provocador (*agent provocateur*).

j) A legislação francesa estabelece que o oficial de polícia judiciária responsável pela coordenação da operação deverá elaborar um relatório da infiltração policial, no qual serão consignados apenas os elementos estritamente necessários para a constatação das infrações penais investigadas. Em nenhuma hipótese serão inseridos dados que possam colocar em perigo a segurança do agente infiltrado e das pessoas requisitadas.

l) No caso de interrupção da operação de infiltração, ou ao término do prazo fixado pela decisão que a autorizou, e diante da ausência de prorrogação, o agente infiltrado poderá prosseguir, pelo prazo máximo de 4 (quatro) meses, nas ações mencionadas no artigo 706-82 do Código de Processo Penal francês (*Code de Procédure Pénale*), sem ser por elas penalmente responsável, desde que o faça pelo tempo estritamente necessário para cessar a operação em condições de segurança.

m) Nenhuma sentença condenatória poderá ser proferida, exclusivamente, com base no testemunho feito pelo oficial ou agente de polícia judiciária que tenha atuado na operação de infiltração. Entretanto, tal regra não se aplica quando o oficial ou agente de polícia judiciária testemunhar sob a verdadeira identidade.

4. Infiltração Policial em Portugal:

4.1. Previsão Legal:

Em Portugal, a infiltração policial encontra-se prevista na Lei nº 101, de 25 de agosto de 2001, que dispõe sobre o regime jurídico das ações encobertas para fins de prevenção e investigação criminal:

Lei nº 101/2001, de 25 de agosto[91]

(...).

Artigo 1.º
Objecto

1 - A presente lei estabelece o regime das acções encobertas para fins de prevenção e investigação criminal.

2 - Consideram-se acções encobertas aquelas que sejam desenvolvidas por funcionários de investigação criminal ou por terceiro actuando sob o controlo da polícia judiciária para prevenção ou repressão dos crimes indicados nesta lei, com ocultação da sua qualidade e identidade.

---
91 Disponível em: http://www.pgdlisboa.pt/leis/lei_mostra_articulado.php?nid=89&tabela=leis. Acesso em: 5 nov. 2013.

Artigo 2.º
Âmbito de aplicação

As acções encobertas são admissíveis no âmbito da prevenção e repressão dos seguintes crimes:

a) Homicídio voluntário, desde que o agente não seja conhecido;

b) Contra a liberdade e contra a autodeterminação sexual a que corresponda, em abstracto, pena superior a 5 (cinco) anos de prisão, desde que o agente não seja conhecido, ou sempre que sejam expressamente referidos ofendidos menores de 16 (dezesseis) anos ou outros incapazes;

c) Relativos ao tráfico e viciação de veículos furtados ou roubados;

d) Escravidão, sequestro e rapto ou tomada de reféns;

e) Tráfico de pessoas;

f) Organizações terroristas e terrorismo;

g) Captura ou atentado à segurança de transporte por ar, água, caminho de ferro ou rodovia a que corresponda, em abstracto, pena igual ou superior a 8 (oito) anos de prisão;

h) Executados com bombas, granadas, matérias ou engenhos explosivos, armas de fogo e objectos armadilhados, armas nucleares, químicas ou radioactivas;

i) Roubo em instituições de crédito, repartições da Fazenda Pública e correios;

j) Associações criminosas;

l) Relativos ao tráfico de estupefacientes e de substâncias psicotrópicas;

m) Branqueamento de capitais, outros bens ou produtos;

n) Corrupção, peculato e participação económica em negócio e tráfico de influências;

o) Fraude na obtenção ou desvio de subsídio ou subvenção;

p) Infracções económico-financeiras cometidas de forma organizada ou com recurso à tecnologia informática;

q) Infracções económico-financeiras de dimensão internacional ou transnacional;

r) Contrafacção de moeda, títulos de créditos, valores selados, selos e outros valores equiparados ou a respectiva passagem;

s) Relativos ao mercado de valores mobiliários.

Artigo 3.º
Requisitos

1 - As acções encobertas devem ser adequadas aos fins de prevenção e repressão criminais identificados em concreto, nomeadamente a descoberta de material probatório, e proporcionais quer àquelas finalidades quer à gravidade do crime em investigação.

2 - Ninguém pode ser obrigado a participar em acção encoberta.

3 - A realização de uma acção encoberta no âmbito do inquérito depende de prévia autorização do competente magistrado do Ministério Público, sendo obrigatoriamente comunicada ao juiz de instrução e considerando-se a mesma validada se não for proferido despacho de recusa nas 72 (setenta e duas) horas seguintes.

4 - Se a acção referida no número anterior decorrer no âmbito da prevenção criminal, é competente para autorização o juiz de instrução criminal, mediante proposta do Ministério Público.

5 - Nos casos referidos no número anterior, a competência para a iniciativa e a decisão é, respectivamente, do magistrado do Ministério Público junto do Departamento Central de Investigação e Acção Penal e do juiz do Tribunal Central de Instrução Criminal.

6 - A polícia judiciária fará o relato da intervenção do agente encoberto à autoridade judiciária competente no prazo máximo de 48 (quarenta e oito) horas após o termo daquela.

Artigo 3.º
Protecção de funcionário e terceiro

1 - A autoridade judiciária só ordenará a junção ao processo do relato a que se refere o n.º 5 do artigo 3.º se a reputar absolutamente indispensável em termos probatórios.

2 - A apreciação da indispensabilidade pode ser remetida para o termo do inquérito ou da instrução, ficando entretanto o expediente, mediante prévio registo, na posse da polícia judiciária.

3 - Oficiosamente ou a requerimento da polícia judiciária, a autoridade judiciária competente pode, mediante decisão fundamentada, autorizar que o agente encoberto que tenha actuado com identidade fictícia ao abrigo do artigo 5.º da presente lei preste depoimento sob esta identidade em processo relativo aos factos objecto da sua actuação.

4 - No caso de o juiz determinar, por indispensabilidade da prova, a comparência em audiência de julgamento do agente encoberto, observará sempre o disposto na segunda parte do n.º 1 do artigo 87.º do Código de Processo Penal, sendo igualmente aplicável o disposto na Lei n.º 93/99, de 14 de Julho.

Artigo 5.º
Identidade fictícia

1 - Para o efeito do n.º 2 do artigo 1.º, os agentes da polícia criminal podem actuar sob identidade fictícia.

2 - A identidade fictícia é atribuída por despacho do Ministro da Justiça, mediante proposta do director nacional da Política (sic) Judiciária.

3 - A identidade referida no número anterior é válida por um período de 6 (seis) meses prorrogáveis por períodos de igual duração, ficando o funcionário de investigação criminal a quem a mesma for atribuída autorizado a, durante aquele período, actuar sob a identidade fictícia, quer no exercício da concreta investigação quer genericamente em todas as circunstâncias do tráfico jurídico e social.

4 - O despacho que atribui a identidade fictícia é classificado de secreto e deve incluir a referência à verdadeira identidade do agente encoberto.

5 - Compete à polícia judiciária gerir e promover a actualização das identidade fictícias outorgadas nos termos dos números anteriores.

Artigo 6.º
Isenção de responsabilidade

1 - Não é punível a conduta do agente encoberto que, no âmbito de uma acção encoberta, consubstancie a prática de actos preparatórios ou de execução de uma infracção em qualquer forma de comparticipação diversa da instigação e da autoria mediata, sempre que guarde a devida proporcionalidade com a finalidade da mesma.

2 - Se for instaurado procedimento criminal por acto ou actos praticados ao abrigo do disposto na presente lei, a autoridade judiciária competente deve, logo que tenha conhecimento de tal facto, requerer informação à autoridade judiciária que emitiu a autorização a que se refere o n.º 3 do artigo 3.º

(...).

Anexo I

Nova Lei do Crime Organizado

Lei nº 12.850, de 2 de agosto de 2013[92]

Define organização criminosa e dispõe sobre a investigação criminal, os meios de obtenção da prova, infrações penais correlatas e o procedimento criminal; altera o Decreto-Lei nº 2.848, de 7 de dezembro de 1940 (Código Penal); revoga a Lei nº 9.034, de 3 de maio de 1995; e dá outras providências.

A **PRESIDENTA DA REPÚBLICA** Faço saber que o Congresso Nacional decreta e eu sanciono a seguinte Lei:

CAPÍTULO I
DA ORGANIZAÇÃO CRIMINOSA

Art. 1º Esta Lei define organização criminosa e dispõe sobre a investigação criminal, os meios de obtenção da prova, infrações penais correlatas e o procedimento criminal a ser aplicado.

§ 1º Considera-se organização criminosa a associação de 4 (quatro) ou mais pessoas estruturalmente ordenada e caracterizada pela divisão de tarefas, ainda que informalmente, com objetivo de obter, direta ou indiretamente, vantagem de qualquer natureza, mediante a prática de

---

[92] Publicada no DOU de 05.08.2013, edição extra.
Disponível em: http://www.planalto.gov.br/ccivil_03/_Ato2011-2014/2013/Lei/L12850.htm. Acesso em: 10 out. 2013.

infrações penais cujas penas máximas sejam superiores a 4 (quatro) anos, ou que sejam de caráter transnacional.

§ 2º Esta Lei se aplica também:

I - às infrações penais previstas em tratado ou convenção internacional quando, iniciada a execução no País, o resultado tenha ou devesse ter ocorrido no estrangeiro, ou reciprocamente;

II - às organizações terroristas internacionais, reconhecidas segundo as normas de direito internacional, por foro do qual o Brasil faça parte, cujos atos de suporte ao terrorismo, bem como os atos preparatórios ou de execução de atos terroristas, ocorram ou possam ocorrer em território nacional.

Art. 2º Promover, constituir, financiar ou integrar, pessoalmente ou por interposta pessoa, organização criminosa:

Pena - reclusão, de 3 (três) a 8 (oito) anos, e multa, sem prejuízo das penas correspondentes às demais infrações penais praticadas.

§ 1º Nas mesmas penas incorre quem impede ou, de qualquer forma, embaraça a investigação de infração penal que envolva organização criminosa.

§ 2º As penas aumentam-se até a metade se na atuação da organização criminosa houver emprego de arma de fogo.

§ 3º A pena é agravada para quem exerce o comando, individual ou coletivo, da organização criminosa, ainda que não pratique pessoalmente atos de execução.

§ 4º A pena é aumentada de 1/6 (um sexto) a 2/3 (dois terços):

I - se há participação de criança ou adolescente;

II - se há concurso de funcionário público, valendo-se a organização criminosa dessa condição para a prática de infração penal;

III - se o produto ou proveito da infração penal destinar-se, no todo ou em parte, ao exterior;

IV - se a organização criminosa mantém conexão com outras organizações criminosas independentes;

V - se as circunstâncias do fato evidenciarem a transnacionalidade da organização.

§ 5º Se houver indícios suficientes de que o funcionário público integra organização criminosa, poderá o juiz determinar seu afastamento cautelar do cargo, emprego ou função, sem prejuízo da remuneração, quando a medida se fizer necessária à investigação ou instrução processual.

§ 6º A condenação com trânsito em julgado acarretará ao funcionário público a perda do cargo, função, emprego ou mandato eletivo e a interdição para o exercício de função ou cargo público pelo prazo de 8 (oito) anos subsequentes ao cumprimento da pena.

§ 7º Se houver indícios de participação de policial nos crimes de que trata esta Lei, a Corregedoria de Polícia instaurará inquérito policial e comunicará ao Ministério Público, que designará membro para acompanhar o feito até a sua conclusão.

CAPÍTULO II
DA INVESTIGAÇÃO E DOS MEIOS
DE OBTENÇÃO DA PROVA

Art. 3º Em qualquer fase da persecução penal, serão permitidos, sem prejuízo de outros já previstos em lei, os seguintes meios de obtenção da prova:

I - colaboração premiada;

II - captação ambiental de sinais eletromagnéticos, ópticos ou acústicos;

III - ação controlada;

IV - acesso a registros de ligações telefônicas e telemáticas, a dados cadastrais constantes de bancos de dados públicos ou privados e a informações eleitorais ou comerciais;

V - interceptação de comunicações telefônicas e telemáticas, nos termos da legislação específica;

VI - afastamento dos sigilos financeiro, bancário e fiscal, nos termos da legislação específica;

VII - infiltração, por policiais, em atividade de investigação, na forma do art. 11;

VIII - cooperação entre instituições e órgãos federais, distritais, estaduais e municipais na busca de provas e informações de interesse da investigação ou da instrução criminal.

**Seção I
Da Colaboração Premiada**

Art. 4º O juiz poderá, a requerimento das partes, conceder o perdão judicial, reduzir em até 2/3 (dois terços) a pena privativa de liberdade ou substituí-la por restritiva de direitos daquele que tenha colaborado efetiva e voluntariamente com a investigação e com o processo criminal, desde que dessa colaboração advenha um ou mais dos seguintes resultados:

I - a identificação dos demais coautores e partícipes da organização criminosa e das infrações penais por eles praticadas;

II - a revelação da estrutura hierárquica e da divisão de tarefas da organização criminosa;

III - a prevenção de infrações penais decorrentes das atividades da organização criminosa;

IV - a recuperação total ou parcial do produto ou do proveito das infrações penais praticadas pela organização criminosa;

V - a localização de eventual vítima com a sua integridade física preservada.

§ 1º Em qualquer caso, a concessão do benefício levará em conta a personalidade do colaborador, a natureza, as circunstâncias, a gravidade e a repercussão social do fato criminoso e a eficácia da colaboração.

§ 2º Considerando a relevância da colaboração prestada, o Ministério Público, a qualquer tempo, e o delegado de polícia, nos autos do inquérito policial, com a manifestação do Ministério Público, poderão requerer ou representar ao juiz pela concessão de perdão judicial ao colaborador, ainda que esse benefício não tenha sido previsto na proposta inicial, aplicando-se, no que couber, o art. 28 do Decreto-Lei nº 3.689, de 3 de outubro de 1941(Código de Processo Penal).

§ 3º O prazo para oferecimento de denúncia ou o processo, relativos ao colaborador, poderá ser suspenso por até 6 (seis) meses, prorrogáveis por igual período, até que sejam cumpridas as medidas de colaboração, suspendendo-se o respectivo prazo prescricional.

§ 4º Nas mesmas hipóteses do *caput*, o Ministério Público poderá deixar de oferecer denúncia se o colaborador:

I - não for o líder da organização criminosa;

II - for o primeiro a prestar efetiva colaboração nos termos deste artigo.

§ 5º Se a colaboração for posterior à sentença, a pena poderá ser reduzida até a metade ou será admitida a progressão de regime ainda que ausentes os requisitos objetivos.

§ 6º O juiz não participará das negociações realizadas entre as partes para a formalização do acordo de colaboração, que ocorrerá entre o delegado de polícia, o investigado e o defensor, com a manifestação do Ministério Público, ou, conforme o caso, entre o Ministério Público e o investigado ou acusado e seu defensor.

§ 7º Realizado o acordo na forma do § 6º, o respectivo termo, acompanhado das declarações do colaborador e de cópia da investigação, será remetido ao juiz para homologação, o qual deverá verificar sua regularidade, legalidade e voluntariedade, podendo para este fim, sigilosamente, ouvir o colaborador, na presença de seu defensor.

§ 8º O juiz poderá recusar homologação à proposta que não atender aos requisitos legais ou adequá-la ao caso concreto.

§ 9º Depois de homologado o acordo, o colaborador poderá, sempre acompanhado pelo seu defensor, ser ouvido pelo membro do Ministério Público ou pelo delegado de polícia responsável pelas investigações.

§ 10. As partes podem retratar-se da proposta, caso em que as provas autoincriminatórias produzidas pelo colaborador não poderão ser utilizadas exclusivamente em seu desfavor.

§ 11. A sentença apreciará os termos do acordo homologado e sua eficácia.

§ 12. Ainda que beneficiado por perdão judicial ou não denunciado, o colaborador poderá ser ouvido em juízo a requerimento das partes ou por iniciativa da autoridade judicial.

§ 13. Sempre que possível, o registro dos atos de colaboração será feito pelos meios ou recursos de gravação magnética, estenotipia, digital ou técnica similar, inclusive audiovisual, destinados a obter maior fidelidade das informações.

§ 14. Nos depoimentos que prestar, o colaborador renunciará, na presença de seu defensor, ao direito ao silêncio e estará sujeito ao compromisso legal de dizer a verdade.

§ 15. Em todos os atos de negociação, confirmação e execução da colaboração, o colaborador deverá estar assistido por defensor.

§ 16. Nenhuma sentença condenatória será proferida com fundamento apenas nas declarações de agente colaborador.

Art. 5º São direitos do colaborador:

I - usufruir das medidas de proteção previstas na legislação específica;

II - ter nome, qualificação, imagem e demais informações pessoais preservados;

III - ser conduzido, em juízo, separadamente dos demais coautores e partícipes;

IV - participar das audiências sem contato visual com os outros acusados;

V - não ter sua identidade revelada pelos meios de comunicação, nem ser fotografado ou filmado, sem sua prévia autorização por escrito;

VI - cumprir pena em estabelecimento penal diverso dos demais corréus ou condenados.

Art. 6º O termo de acordo da colaboração premiada deverá ser feito por escrito e conter:

I - o relato da colaboração e seus possíveis resultados;

II - as condições da proposta do Ministério Público ou do delegado de polícia;

III - a declaração de aceitação do colaborador e de seu defensor;

IV - as assinaturas do representante do Ministério Público ou do delegado de polícia, do colaborador e de seu defensor;

V - a especificação das medidas de proteção ao colaborador e à sua família, quando necessário.

Art. 7º O pedido de homologação do acordo será sigilosamente distribuído, contendo apenas informações que não possam identificar o colaborador e o seu objeto.

§ 1º As informações pormenorizadas da colaboração serão dirigidas diretamente ao juiz a que recair a distribuição, que decidirá no prazo de 48 (quarenta e oito) horas.

§ 2º O acesso aos autos será restrito ao juiz, ao Ministério Público e ao delegado de polícia, como forma de garantir o êxito das investigações, assegurando-se ao defensor, no interesse do representado, amplo acesso aos elementos de prova que digam respeito ao exercício do direito de defesa, devidamente precedido de autorização judicial, ressalvados os referentes às diligências em andamento.

§ 3º O acordo de colaboração premiada deixa de ser sigiloso assim que recebida a denúncia, observado o disposto no art. 5º.

Seção II
Da Ação Controlada

Art. 8º Consiste a ação controlada em retardar a intervenção policial ou administrativa relativa à ação praticada por organização criminosa ou a ela vinculada, desde que mantida sob observação e acompanhamento para que a medida legal se concretize no momento mais eficaz à formação de provas e obtenção de informações.

§ 1º O retardamento da intervenção policial ou administrativa será previamente comunicado ao juiz competente que, se for o caso, estabelecerá os seus limites e comunicará ao Ministério Público.

§ 2º A comunicação será sigilosamente distribuída de forma a não conter informações que possam indicar a operação a ser efetuada.

§ 3º Até o encerramento da diligência, o acesso aos autos será restrito ao juiz, ao Ministério Público e ao delegado de polícia, como forma de garantir o êxito das investigações.

§ 4º Ao término da diligência, elaborar-se-á auto circunstanciado acerca da ação controlada.

Art. 9º Se a ação controlada envolver transposição de fronteiras, o retardamento da intervenção policial ou administrativa somente poderá ocorrer com a cooperação das autoridades dos países que figurem como provável itinerário ou destino do investigado, de modo a reduzir os riscos de fuga e extravio do produto, objeto, instrumento ou proveito do crime.

Seção III
Da Infiltração de Agentes

Art. 10. A infiltração de agentes de polícia em tarefas de investigação, representada pelo delegado de polícia ou requerida pelo Ministério Público, após manifestação técnica do delegado de polícia quando solicitada no curso de inquérito policial, será precedida de circunstanciada, motivada e sigilosa autorização judicial, que estabelecerá seus limites.

§ 1º Na hipótese de representação do delegado de polícia, o juiz competente, antes de decidir, ouvirá o Ministério Público.

§ 2º Será admitida a infiltração se houver indícios de infração penal de que trata o art. 1º e se a prova não puder ser produzida por outros meios disponíveis.

§ 3º A infiltração será autorizada pelo prazo de até 6 (seis) meses, sem prejuízo de eventuais renovações, desde que comprovada sua necessidade.

§ 4º Findo o prazo previsto no § 3º, o relatório circunstanciado será apresentado ao juiz competente, que imediatamente cientificará o Ministério Público.

§ 5º No curso do inquérito policial, o delegado de polícia poderá determinar aos seus agentes, e o Ministério Público poderá requisitar, a qualquer tempo, relatório da atividade de infiltração.

Art. 11. O requerimento do Ministério Público ou a representação do delegado de polícia para a infiltração de agentes conterão a demonstração da necessidade da medida, o alcance das tarefas dos agentes e, quando possível, os nomes ou apelidos das pessoas investigadas e o local da infiltração.

Art. 12. O pedido de infiltração será sigilosamente distribuído, de forma a não conter informações que possam indicar a operação a ser efetivada ou identificar o agente que será infiltrado.

§ 1º As informações quanto à necessidade da operação de infiltração serão dirigidas diretamente ao juiz competente, que decidirá no prazo de 24 (vinte e quatro) horas, após manifestação do Ministério Público na hipótese de representação do delegado de polícia, devendo-se adotar as medidas necessárias para o êxito das investigações e a segurança do agente infiltrado.

§ 2º Os autos contendo as informações da operação de infiltração acompanharão a denúncia do Ministério Público, quando serão disponibilizados à defesa, assegurando-se a preservação da identidade do agente.

§ 3º Havendo indícios seguros de que o agente infiltrado sofre risco iminente, a operação será sustada mediante requisição do Ministério Público ou pelo delegado de polícia, dando-se imediata ciência ao Ministério Público e à autoridade judicial.

Art. 13. O agente que não guardar, em sua atuação, a devida proporcionalidade com a finalidade da investigação, responderá pelos excessos praticados.

Parágrafo único. Não é punível, no âmbito da infiltração, a prática de crime pelo agente infiltrado no curso da investigação, quando inexigível conduta diversa.

Art. 14. São direitos do agente:

I - recusar ou fazer cessar a atuação infiltrada;

II - ter sua identidade alterada, aplicando-se, no que couber, o disposto no art. 9º da Lei nº 9.807, de 13 de julho de 1999, bem como usufruir das medidas de proteção a testemunhas;

III - ter seu nome, sua qualificação, sua imagem, sua voz e demais informações pessoais preservadas durante a investigação e o processo criminal, salvo se houver decisão judicial em contrário;

IV - não ter sua identidade revelada, nem ser fotografado ou filmado pelos meios de comunicação, sem sua prévia autorização por escrito.

Seção IV
Do Acesso a Registros, Dados Cadastrais, Documentos e Informações

Art. 15. O delegado de polícia e o Ministério Público terão acesso, independentemente de autorização judicial, apenas aos dados cadastrais do investigado que informem exclusivamente a qualificação pessoal, a filiação e o endereço mantidos pela Justiça Eleitoral, empresas telefônicas, instituições financeiras, provedores de internet e administradoras de cartão de crédito.

Art. 16. As empresas de transporte possibilitarão, pelo prazo de 5 (cinco) anos, acesso direto e permanente do juiz, do Ministério Público ou do delegado de polícia aos bancos de dados de reservas e registro de viagens.

Art. 17. As concessionárias de telefonia fixa ou móvel manterão, pelo prazo de 5 (cinco) anos, à disposição das autoridades mencionadas no art. 15, registros de identificação dos números dos terminais de origem e de destino das ligações telefônicas internacionais, interurbanas e locais.

Seção V
Dos Crimes Ocorridos na Investigação e na Obtenção da Prova

Art. 18. Revelar a identidade, fotografar ou filmar o colaborador, sem sua prévia autorização por escrito:

Pena - reclusão, de 1 (um) a 3 (três) anos, e multa.

Art. 19. Imputar falsamente, sob pretexto de colaboração com a Justiça, a prática de infração penal a pessoa que sabe ser inocente, ou revelar informações sobre a estrutura de organização criminosa que sabe inverídicas:

Pena - reclusão, de 1 (um) a 4 (quatro) anos, e multa.

Art. 20. Descumprir determinação de sigilo das investigações que envolvam a ação controlada e a infiltração de agentes:

Pena - reclusão, de 1 (um) a 4 (quatro) anos, e multa.

Art. 21. Recusar ou omitir dados cadastrais, registros, documentos e informações requisitadas pelo juiz, Ministério Público ou delegado de polícia, no curso de investigação ou do processo:

Pena - reclusão, de 6 (seis) meses a 2 (dois) anos, e multa.

Parágrafo único. Na mesma pena incorre quem, de forma indevida, se apossa, propala, divulga ou faz uso dos dados cadastrais de que trata esta Lei.

CAPÍTULO III
DISPOSIÇÕES FINAIS

Art. 22. Os crimes previstos nesta Lei e as infrações penais conexas serão apurados mediante procedimento ordinário previsto no Decreto-Lei nº 3.689, de 3 de outubro de 1941 (Código de Processo Penal), observado o disposto no parágrafo único deste artigo.

Parágrafo único. A instrução criminal deverá ser encerrada em prazo razoável, o qual não poderá exceder a 120 (cento e vinte) dias quando o réu estiver preso, prorrogáveis em até igual período, por decisão fundamentada, devidamente motivada pela complexidade da causa ou por fato procrastinatório atribuível ao réu.

Art. 23. O sigilo da investigação poderá ser decretado pela autoridade judicial competente, para garantia da celeridade e da eficácia das diligências investigatórias, assegurando-se ao defensor, no interesse do representado, amplo acesso aos elementos de prova que digam respeito ao exercício do direito de defesa, devidamente precedido de autorização judicial, ressalvados os referentes às diligências em andamento.

Parágrafo único. Determinado o depoimento do investigado, seu defensor terá assegurada a prévia vista dos autos, ainda que classificados como sigilosos, no prazo mínimo de 3 (três) dias que antecedem ao ato, podendo ser ampliado, a critério da autoridade responsável pela investigação.

Art. 24. O art. 288 do Decreto-Lei nº 2.848, de 7 de dezembro de 1940 (Código Penal), passa a vigorar com a seguinte redação:

"Associação Criminosa

Art. 288. Associarem-se 3 (três) ou mais pessoas, para o fim específico de cometer crimes:

Pena - reclusão, de 1 (um) a 3 (três) anos.

Parágrafo único. A pena aumenta-se até a metade se a associação é armada ou se houver a participação de criança ou adolescente." (NR)

Art. 25. O art. 342 do Decreto-Lei nº 2.848, de 7 de dezembro de 1940 (Código Penal), passa a vigorar com a seguinte redação:

"Art. 342. ....

Pena - reclusão, de 2 (dois) a 4 (quatro) anos, e multa.

...." (NR)

Art. 26. Revoga-se a Lei nº 9.034, de 3 de maio de 1995.

Art. 27. Esta Lei entra em vigor após decorridos 45 (quarenta e cinco) dias de sua publicação oficial.

Brasília, 2 de agosto de 2013; 192º da Independência e 125º da República.

DILMA ROUSSEFF

José Eduardo Cardozo

Anexo II

Lei nº 12.694, de 24 de julho de 2012[93]

Dispõe sobre o processo e o julgamento colegiado em primeiro grau de jurisdição de crimes praticados por organizações criminosas; altera o Decreto-Lei nº 2.848, de 7 de dezembro de 1940 - Código Penal, o Decreto-Lei nº 3.689, de 3 de outubro de 1941 - Código de Processo Penal, e as Leis nºs 9.503, de 23 de setembro de 1997 - Código de Trânsito Brasileiro, e 10.826, de 22 de dezembro de 2003; e dá outras providências.

A **PRESIDENTA DA REPÚBLICA** Faço saber que o Congresso Nacional decreta e eu sanciono a seguinte Lei:

Art. 1º Em processos ou procedimentos que tenham por objeto crimes praticados por organizações criminosas, o juiz poderá decidir pela formação de colegiado para a prática de qualquer ato processual, especialmente:

I - decretação de prisão ou de medidas assecuratórias;

II - concessão de liberdade provisória ou revogação de prisão;

III - sentença;

IV - progressão ou regressão de regime de cumprimento de pena;

V - concessão de liberdade condicional;

VI - transferência de preso para estabelecimento prisional de segurança máxima; e

VII - inclusão do preso no regime disciplinar diferenciado.

---
93 Publicada no DOU de 25.07.2012.
Disponível em: http://www.planalto.gov.br/ccivil_03/_ato2011-2014/2012/lei/l12694.htm. Acesso em: 10 out. 2013.

§ 1º O juiz poderá instaurar o colegiado, indicando os motivos e as circunstâncias que acarretam risco à sua integridade física em decisão fundamentada, da qual será dado conhecimento ao órgão correicional.

§ 2º O colegiado será formado pelo juiz do processo e por 2 (dois) outros juízes escolhidos por sorteio eletrônico dentre aqueles de competência criminal em exercício no primeiro grau de jurisdição.

§ 3º A competência do colegiado limita-se ao ato para o qual foi convocado.

§ 4º As reuniões poderão ser sigilosas sempre que houver risco de que a publicidade resulte em prejuízo à eficácia da decisão judicial.

§ 5º A reunião do colegiado composto por juízes domiciliados em cidades diversas poderá ser feita pela via eletrônica.

§ 6º As decisões do colegiado, devidamente fundamentadas e firmadas, sem exceção, por todos os seus integrantes, serão publicadas sem qualquer referência a voto divergente de qualquer membro.

§ 7º Os tribunais, no âmbito de suas competências, expedirão normas regulamentando a composição do colegiado e os procedimentos a serem adotados para o seu funcionamento.

Art. 2º Para os efeitos desta Lei, considera-se organização criminosa a associação, de 3 (três) ou mais pessoas, estruturalmente ordenada e caracterizada pela divisão de tarefas, ainda que informalmente, com objetivo de obter, direta ou indiretamente, vantagem de qualquer natureza, mediante a prática de crimes cuja pena máxima seja igual ou superior a 4 (quatro) anos ou que sejam de caráter transnacional.

Art. 3º Os tribunais, no âmbito de suas competências, são autorizados a tomar medidas para reforçar a segurança dos prédios da Justiça, especialmente:

I - controle de acesso, com identificação, aos seus prédios, especialmente aqueles com varas criminais ou às áreas dos prédios com varas criminais;

II - instalação de câmeras de vigilância nos seus prédios, especialmente nas varas criminais e áreas adjacentes;

III - instalação de aparelhos detectores de metais, aos quais se devem submeter todos que queiram ter acesso aos seus prédios, especialmente às varas criminais ou às respectivas salas de audiência, ainda que exerçam qualquer cargo ou função pública, ressalvados os integrantes de missão policial, a escolta de presos e os agentes ou inspetores de segurança próprios.

Art. 4º O art. 91 do Decreto-Lei nº 2.848, de 7 de dezembro de 1940 - Código Penal, passa a vigorar acrescido dos seguintes §§ 1º e 2º:

"Art. 91. ....

§ 1º Poderá ser decretada a perda de bens ou valores equivalentes ao produto ou proveito do crime quando estes não forem encontrados ou quando se localizarem no exterior.

§ 2º Na hipótese do § 1º, as medidas assecuratórias previstas na legislação processual poderão abranger bens ou valores equivalentes do investigado ou acusado para posterior decretação de perda." (NR)

Art. 5º O Decreto-Lei nº 3.689, de 3 de outubro de 1941 - Código de Processo Penal, passa a vigorar acrescido do seguinte art. 144-A:

"Art. 144-A. O juiz determinará a alienação antecipada para preservação do valor dos bens sempre que estiverem sujeitos a qualquer grau de deterioração ou depreciação, ou quando houver dificuldade para sua manutenção.

§ 1º O leilão far-se-á preferencialmente por meio eletrônico.

§ 2º Os bens deverão ser vendidos pelo valor fixado na avaliação judicial ou por valor maior. Não alcançado o valor estipulado pela administração judicial, será realizado novo leilão, em até 10 (dez) dias contados da realização do primeiro, podendo os bens ser alienados por valor não inferior a 80% (oitenta por cento) do estipulado na avaliação judicial.

§ 3º O produto da alienação ficará depositado em conta vinculada ao juízo até a decisão final do processo, procedendo-se à sua conversão em renda para a União, Estado ou Distrito Federal, no caso de condenação, ou, no caso de absolvição, à sua devolução ao acusado.

§ 4º Quando a indisponibilidade recair sobre dinheiro, inclusive moeda estrangeira, títulos, valores mobiliários ou cheques emitidos como ordem de pagamento, o juízo determinará a conversão do numerário apreendido em moeda nacional corrente e o depósito das correspondentes quantias em conta judicial.

§ 5º No caso da alienação de veículos, embarcações ou aeronaves, o juiz ordenará à autoridade de trânsito ou ao equivalente órgão de registro e controle a expedição de certificado de registro e licenciamento em favor do arrematante, ficando este livre do pagamento de multas, encargos e tributos anteriores, sem prejuízo de execução fiscal em relação ao antigo proprietário.

§ 6º O valor dos títulos da dívida pública, das ações das sociedades e dos títulos de crédito negociáveis em bolsa será o da cotação oficial do dia, provada por certidão ou publicação no órgão oficial.

§ 7º (VETADO)."

Art. 6º O art. 115 da Lei nº 9.503, de 23 de setembro de 1997 - Código de Trânsito Brasileiro, passa a vigorar acrescido do seguinte § 7º:

"Art. 115. ....

....

§ 7º Excepcionalmente, mediante autorização específica e fundamentada das respectivas corregedorias e com a devida comunicação aos órgãos de trânsito competentes, os veículos utilizados por membros do Poder Judiciário e do Ministério Público que exerçam competência ou atribuição criminal poderão temporariamente ter placas especiais, de forma a impedir a identificação de seus usuários específicos, na forma de regulamento a ser emitido, conjuntamente, pelo Conselho Nacional de Justiça - CNJ, pelo Conselho Nacional do Ministério Público - CNMP e pelo Conselho Nacional de Trânsito - CONTRAN." (NR)

Art. 7º O art. 6º da Lei nº 10.826, de 22 de dezembro de 2003, passa a vigorar acrescido do seguinte inciso XI:

"Art. 6º ....

....

XI - os tribunais do Poder Judiciário descritos no art. 92 da Constituição Federal e os Ministérios Públicos da União e dos Estados, para uso exclusivo de servidores de seus quadros pessoais que efetivamente estejam no exercício de funções de segurança, na forma de regulamento a ser emitido pelo Conselho Nacional de Justiça - CNJ e pelo Conselho Nacional do Ministério Público - CNMP.

...." (NR)

Art. 8º A Lei nº 10.826, de 22 de dezembro de 2003, passa a vigorar acrescida do seguinte art. 7º-A:

"Art. 7º-A. As armas de fogo utilizadas pelos servidores das instituições descritas no inciso XI do art. 6º serão de propriedade, responsabilidade e guarda das respectivas instituições, somente podendo ser utilizadas quando em serviço, devendo estas observar as condições de uso e de armazenagem estabelecidas pelo órgão competente, sendo o certificado de registro e a autorização de porte expedidos pela polícia federal em nome da instituição.

§ 1º A autorização para o porte de arma de fogo de que trata este artigo independe do pagamento de taxa.

§ 2º O presidente do tribunal ou o chefe do Ministério Público designará os servidores de seus quadros pessoais no exercício de funções de segurança que poderão portar arma de fogo, respeitado o limite máximo de 50% (cinquenta por cento) do número de servidores que exerçam funções de segurança.

§ 3º O porte de arma pelos servidores das instituições de que trata este artigo fica condicionado à apresentação de documentação comprobatória do preenchimento dos requisitos constantes do art. 4º desta Lei, bem como à formação funcional em estabelecimentos de ensino de atividade policial e à existência de mecanismos de fiscalização e de controle interno, nas condições estabelecidas no regulamento desta Lei.

§ 4º A listagem dos servidores das instituições de que trata este artigo deverá ser atualizada semestralmente no Sinarm.

§ 5º As instituições de que trata este artigo são obrigadas a registrar ocorrência policial e a comunicar à polícia federal eventual perda, furto, roubo ou outras formas de extravio de armas de fogo, acessórios e munições que estejam sob sua guarda, nas primeiras 24 (vinte e quatro) horas depois de ocorrido o fato."

Art. 9º Diante de situação de risco, decorrente do exercício da função, das autoridades judiciais ou membros do Ministério Público e de seus familiares, o fato será comunicado à polícia judiciária, que avaliará a necessidade, o alcance e os parâmetros da proteção pessoal.

§ 1º A proteção pessoal será prestada de acordo com a avaliação realizada pela polícia judiciária e após a comunicação à autoridade judicial ou ao membro do Ministério Público, conforme o caso:

I - pela própria polícia judiciária;

II - pelos órgãos de segurança institucional;

III - por outras forças policiais;

IV - de forma conjunta pelos citados nos incisos I, II e III.

§ 2º Será prestada proteção pessoal imediata nos casos urgentes, sem prejuízo da adequação da medida, segundo a avaliação a que se referem o *caput* e o § 1º deste artigo.

§ 3º A prestação de proteção pessoal será comunicada ao Conselho Nacional de Justiça ou ao Conselho Nacional do Ministério Público, conforme o caso.

§ 4º Verificado o descumprimento dos procedimentos de segurança definidos pela polícia judiciária, esta encaminhará relatório ao Conselho Nacional de Justiça - CNJ ou ao Conselho Nacional do Ministério Público - CNMP.

Art. 10. Esta Lei entra em vigor após decorridos 90 (noventa) dias de sua publicação oficial.

Brasília, 24 de julho de 2012; 191º da Independência e 124º da República.

DILMA ROUSSEFF

José Eduardo Cardozo

Anexo III

Lei de Drogas

Lei nº 11.343, de 23 de agosto de 2006[94]

Institui o Sistema Nacional de Políticas Públicas sobre Drogas - Sisnad; prescreve medidas para prevenção do uso indevido, atenção e reinserção social de usuários e dependentes de drogas; estabelece normas para repressão à produção não autorizada e ao tráfico ilícito de drogas; define crimes e dá outras providências.

O **PRESIDENTE DA REPÚBLICA** Faço saber que o Congresso Nacional decreta e eu sanciono a seguinte Lei:

(...).

CAPÍTULO III
DO PROCEDIMENTO PENAL

(...).

Seção I
Da Investigação

Art. 50. Ocorrendo prisão em flagrante, a autoridade de polícia judiciária fará, imediatamente, comunicação ao juiz competente, remetendo-lhe

---

94 Publicada no DOU de 24.08.2006.
Disponível em: http://www.planalto.gov.br/ccivil_03/_ato2004-2006/2006/lei/l11343.htm. Acesso em: 10 out. 2013.

cópia do auto lavrado, do qual será dada vista ao órgão do Ministério Público, em 24 (vinte e quatro) horas.

§ 1º Para efeito da lavratura do auto de prisão em flagrante e estabelecimento da materialidade do delito, é suficiente o laudo de constatação da natureza e quantidade da droga, firmado por perito oficial ou, na falta deste, por pessoa idônea.

§ 2º O perito que subscrever o laudo a que se refere o § 1º deste artigo não ficará impedido de participar da elaboração do laudo definitivo.

Art. 51. O inquérito policial será concluído no prazo de 30 (trinta) dias, se o indiciado estiver preso, e de 90 (noventa) dias, quando solto.

Parágrafo único. Os prazos a que se refere este artigo podem ser duplicados pelo juiz, ouvido o Ministério Público, mediante pedido justificado da autoridade de polícia judiciária.

Art. 52. Findos os prazos a que se refere o art. 51 desta Lei, a autoridade de polícia judiciária, remetendo os autos do inquérito ao juízo:

I - relatará sumariamente as circunstâncias do fato, justificando as razões que a levaram à classificação do delito, indicando a quantidade e natureza da substância ou do produto apreendido, o local e as condições em que se desenvolveu a ação criminosa, as circunstâncias da prisão, a conduta, a qualificação e os antecedentes do agente; ou

II - requererá sua devolução para a realização de diligências necessárias.

Parágrafo único. A remessa dos autos far-se-á sem prejuízo de diligências complementares:

I - necessárias ou úteis à plena elucidação do fato, cujo resultado deverá ser encaminhado ao juízo competente até 3 (três) dias antes da audiência de instrução e julgamento;

II - necessárias ou úteis à indicação dos bens, direitos e valores de que seja titular o agente, ou que figurem em seu nome, cujo resultado deverá ser encaminhado ao juízo competente até 3 (três) dias antes da audiência de instrução e julgamento.

Art. 53. Em qualquer fase da persecução criminal relativa aos crimes previstos nesta Lei, são permitidos, além dos previstos em lei, mediante autorização judicial e ouvido o Ministério Público, os seguintes procedimentos investigatórios:

I - a infiltração por agentes de polícia, em tarefas de investigação, constituída pelos órgãos especializados pertinentes;

II - a não atuação policial sobre os portadores de drogas, seus precursores químicos ou outros produtos utilizados em sua produção, que se encontrem no território brasileiro, com a finalidade de identificar e responsabilizar maior número de integrantes de operações de tráfico e distribuição, sem prejuízo da ação penal cabível.

Parágrafo único. Na hipótese do inciso II deste artigo, a autorização será concedida desde que sejam conhecidos o itinerário provável e a identificação dos agentes do delito ou de colaboradores.

(...).

Art. 74. Esta Lei entra em vigor 45 (quarenta e cinco) dias após a sua publicação.

Art. 75. Revogam-se a Lei nº 6.368, de 21 de outubro de 1976, e a Lei nº 10.409, de 11 de janeiro de 2002.

Brasília, 23 de agosto de 2006; 185º da Independência e 118º da República.

LUIZ INÁCIO LULA DA SILVA

Márcio Thomaz Bastos

Guido Mantega

Jorge Armando Felix

Anexo IV

Antiga Lei do Crime Organizado

Lei nº 9.034, de 3 de maio de 1995[95]

Dispõe sobre a utilização de meios operacionais para a prevenção e repressão de ações praticadas por organizações criminosas.

O **PRESIDENTE DA REPÚBLICA** Faço saber que o Congresso Nacional decreta e eu sanciono a seguinte lei:

CAPÍTULO I
Da Definição de Ação Praticada por Organizações Criminosas e dos Meios Operacionais de Investigação e Prova

Art. 1º Esta Lei define e regula meios de prova e procedimentos investigatórios que versem sobre ilícitos decorrentes de ações praticadas por quadrilha ou bando ou organizações ou associações criminosas de qualquer tipo. (Redação dada pela Lei nº 10.217/01)

Art. 2º Em qualquer fase de persecução criminal são permitidos, sem prejuízo dos já previstos em lei, os seguintes procedimentos de investigação e formação de provas: (Redação dada pela Lei nº 10.217/01)

I - (Vetado).

---

95 Publicada no DOU de 04.05.1995.
Disponível em: http://www.planalto.gov.br/ccivil_03/leis/l9034.htm. Acesso em: 10 out. 2013.

II - a ação controlada, que consiste em retardar a interdição policial do que se supõe ação praticada por organizações criminosas ou a ela vinculado, desde que mantida sob observação e acompanhamento para que a medida legal se concretize no momento mais eficaz do ponto de vista da formação de provas e fornecimento de informações;

III - o acesso a dados, documentos e informações fiscais, bancárias, financeiras e eleitorais.

IV - a captação e a interceptação ambiental de sinais eletromagnéticos, óticos ou acústicos, e o seu registro e análise, mediante circunstanciada autorização judicial; (Inciso incluído pela Lei nº 10.217/01)

V - infiltração por agentes de polícia ou de inteligência, em tarefas de investigação, constituída pelos órgãos especializados pertinentes, mediante circunstanciada autorização judicial. (Inciso incluído pela Lei nº 10.217/01)

Parágrafo único. A autorização judicial será estritamente sigilosa e permanecerá nesta condição enquanto perdurar a infiltração. (Parágrafo incluído pela Lei nº 10.217/01)

CAPÍTULO II
Da Preservação do Sigilo Constitucional

Art. 3º Nas hipóteses do inciso III do art. 2º desta lei, ocorrendo possibilidade de violação de sigilo preservado pela Constituição ou por lei, a diligência será realizada pessoalmente pelo juiz, adotado o mais rigoroso segredo de justiça[96].

---

96 Art. 3º da Lei nº 9.034/95 foi declarado inconstitucional pelo Supremo Tribunal Federal, Pleno, Adin nº 1.570-2, rel. Min. Maurício Corrêa, julgamento em 12.02.2004, nos termos da seguinte ementa:
AÇÃO DIRETA DE INCONSTITUCIONALIDADE. LEI 9034/95. LEI COMPLEMENTAR 105/01. SUPERVENIENTE. HIERARQUIA SUPERIOR. REVOGAÇÃO IMPLÍCITA. AÇÃO PREJUDICADA, EM PARTE. "JUIZ DE INSTRUÇÃO." REALIZAÇÃO DE DILIGÊNCIAS PESSOALMENTE. COMPETÊNCIA PARA INVESTIGAR. INOBSERVÂNCIA DO DEVIDO PROCESSO LEGAL. IMPARCIALIDADE DO MAGISTRADO. OFENSA. FUNÇÕES DE INVESTIGAR E INQUIRIR. MITIGAÇÃO DAS ATRIBUIÇÕES DO MINISTÉRIO PÚBLICO E DAS POLÍCIAS FEDERAL E CIVIL. 1. Lei 9034/95. Superveniência da Lei Complementar 105/01. Revogação da disciplina contida na legislação antecedente em relação aos sigilos bancário e financeiro na apuração das ações praticadas por organizações criminosas. Ação prejudicada, quanto aos procedimentos que incidem sobre o acesso a dados, documentos e informações bancárias e financeiras. 2. Busca e apreensão de documentos relacionados ao pedido de quebra de sigilo realizadas pessoalmente pelo magistrado. Comprometimento do princípio da imparcialidade e consequente violação

§ 1º Para realizar a diligência, o juiz poderá requisitar o auxílio de pessoas que, pela natureza da função ou profissão, tenham ou possam ter acesso aos objetos do sigilo.

§ 2º O juiz, pessoalmente, fará lavrar auto circunstanciado da diligência, relatando as informações colhidas oralmente e anexando cópias autênticas dos documentos que tiverem relevância probatória, podendo para esse efeito, designar uma das pessoas referidas no parágrafo anterior como escrivão *ad hoc*.

§ 3º O auto de diligência será conservado fora dos autos do processo, em lugar seguro, sem intervenção de cartório ou servidor, somente podendo a ele ter acesso, na presença do juiz, as partes legítimas na causa, que não poderão dele servir-se para fins estranhos à mesma, e estão sujeitas às sanções previstas pelo Código Penal em caso de divulgação.

§ 4º Os argumentos de acusação e defesa que versarem sobre a diligência serão apresentados em separado para serem anexados ao auto da diligência, que poderá servir como elemento na formação da convicção final do juiz.

§ 5º Em caso de recurso, o auto da diligência será fechado, lacrado e endereçado em separado ao juízo competente para revisão, que dele tomará conhecimento sem intervenção das secretarias e gabinetes, devendo o relator dar vistas ao Ministério Público e ao Defensor em recinto isolado, para o efeito de que a discussão e o julgamento sejam mantidos em absoluto segredo de justiça.

CAPÍTULO III
Das Disposições Gerais

Art. 4º Os órgãos da polícia judiciária estruturarão setores e equipes de policiais especializados no combate à ação praticada por organizações criminosas.

---

ao devido processo legal. 3. Funções de investigador e inquisidor. Atribuições conferidas ao Ministério Público e às Polícias Federal e Civil (CF, artigo 129, I e VIII e § 2º; e 144, § 1º, I e IV, e § 4º). A realização de inquérito é função que a Constituição reserva à Polícia. Precedentes. Ação julgada procedente, em parte.
Disponível em: http://redir.stf.jus.br/paginadorpub/paginador.jsp?docTP=AC&docID=385546. Acesso em: 22 dez. 2013.

Art. 5º A identificação criminal de pessoas envolvidas com a ação praticada por organizações criminosas será realizada independentemente da identificação civil.

Art. 6º Nos crimes praticados em organização criminosa, a pena será reduzida de 1 (um) a 2/3 (dois terços), quando a colaboração espontânea do agente levar ao esclarecimento de infrações penais e sua autoria.

Art. 7º Não será concedida liberdade provisória, com ou sem fiança, aos agentes que tenham tido intensa e efetiva participação na organização criminosa.

Art. 8º O prazo para encerramento da instrução criminal, nos processos por crime de que trata esta Lei, será de 81 (oitenta e um) dias, quando o réu estiver preso, e de 120 (cento e vinte) dias, quando solto. (Redação dada pela Lei nº 9.303/96)

Art. 9º O réu não poderá apelar em liberdade, nos crimes previstos nesta lei.

Art. 10 Os condenados por crime decorrentes de organização criminosa iniciarão o cumprimento da pena em regime fechado.

Art. 11 Aplicam-se, no que não forem incompatíveis, subsidiariamente, as disposições do Código de Processo Penal.

Art. 12 Esta lei entra em vigor na data de sua publicação.

Art. 13 Revogam-se as disposições em contrário.

Brasília, 3 de maio de 1995; 174º da Independência e 107º da República.

FERNANDO HENRIQUE CARDOSO
Milton Seligman

Anexo V

Decreto nº 5.687, de 31 de janeiro de 2006[97]

Promulga a Convenção das Nações Unidas contra a Corrupção, adotada pela Assembleia-Geral das Nações Unidas em 31 de outubro de 2003 e assinada pelo Brasil em 9 de dezembro de 2003.

O **PRESIDENTE DA REPÚBLICA**, no uso da atribuição que lhe confere o art. 84, inciso IV, da Constituição, e

Considerando que o Congresso Nacional aprovou o texto da Convenção das Nações Unidas contra a Corrupção, por meio do Decreto Legislativo nº 348, de 18 de maio de 2005;

Considerando que o Governo brasileiro ratificou a citada Convenção em 15 de junho de 2005;

Considerando que a Convenção entrou em vigor internacional, bem como para o Brasil, em 14 de dezembro de 2005;

DECRETA:

Art. 1º A Convenção das Nações Unidas contra a Corrupção, adotada pela Assembleia-geral das Nações Unidas em 31 de outubro de 2003 e assinada pelo Brasil em 9 de dezembro de 2003, apensa por cópia ao presente Decreto, será executada e cumprida tão inteiramente como nela se contém.

Art. 2º São sujeitos à aprovação do Congresso Nacional quaisquer atos que possam resultar em revisão da referida Convenção ou que acarretem encargos ou compromissos gravosos ao patrimônio nacional, nos termos do art. 49, inciso I, da Constituição.

---
97 Publicado no DOU de 1º.02.2006.
    Disponível em: http://www.planalto.gov.br/ccivil_03/_Ato2004-2006/2006/Decreto/D5687.htm. Acesso em: 10 out. 2013.

Art. 3º Este Decreto entra em vigor na data de sua publicação.

Brasília, 31 de janeiro de 2006; 185º da Independência e 118º da República.

LUIZ INÁCIO LULA DA SILVA
Celso Luiz Nunes Amorim

Convenção das Nações Unidas Contra a Corrupção

Preâmbulo

Os Estados Partes da presente convenção,

Preocupados com a gravidade dos problemas e com as ameaças decorrentes da corrupção, para a estabilidade e a segurança das sociedades, ao enfraquecer as instituições e os valores da democracia, da ética e da justiça e ao comprometer o desenvolvimento sustentável e o Estado de Direito;

Preocupados, também, pelos vínculos entre a corrupção e outras formas de delinquência, em particular o crime organizado e a corrupção econômica, incluindo a lavagem de dinheiro;

Preocupados, ainda, pelos casos de corrupção que penetram diversos setores da sociedade, os quais podem comprometer uma proporção importante dos recursos dos Estados e que ameaçam a estabilidade política e o desenvolvimento sustentável dos mesmos;

Convencidos de que a corrupção deixou de ser um problema local para converter-se em um fenômeno transnacional que afeta todas as sociedades e economias, faz-se necessária a cooperação internacional para preveni-la e lutar contra ela;

Convencidos, também, de que se requer um enfoque amplo e multidisciplinar para prevenir e combater eficazmente a corrupção;

Convencidos, ainda, de que a disponibilidade de assistência técnica pode desempenhar um papel importante para que os Estados estejam em melhores condições de poder prevenir e combater eficazmente a corrupção, entre outras coisas, fortalecendo suas capacidades e criando instituições;

Convencidos de que o enriquecimento pessoal ilícito pode ser particularmente nocivo para as instituições democráticas, as economias nacionais e o Estado de Direito;

Decididos a prevenir, detectar e dissuadir com maior eficácia as transferências internacionais de ativos adquiridos ilicitamente e a fortalecer a cooperação internacional para a recuperação destes ativos;

Reconhecendo os princípios fundamentais do devido processo nos processos penais e nos procedimentos civis ou administrativos sobre direitos de propriedade;

Tendo presente que a prevenção e a erradicação da corrupção são responsabilidades de todos os Estados e que estes devem cooperar entre si, com o apoio e a participação de pessoas e grupos que não pertencem ao setor público, como a sociedade civil, as organizações não governamentais e as organizações de base comunitárias, para que seus esforços neste âmbito sejam eficazes;

Tendo presentes também os princípios de devida gestão dos assuntos e dos bens públicos, equidade, responsabilidade e igualdade perante a lei, assim como a necessidade de salvaguardar a integridade e fomentar uma cultura de rechaço à corrupção;

(...);

Chegaram em acordo ao seguinte:

Capítulo I

Disposições gerais

Artigo 1
Finalidade

A finalidade da presente Convenção é:

a) Promover e fortalecer as medidas para prevenir e combater mais eficaz e eficientemente a corrupção;

b) Promover, facilitar e apoiar a cooperação internacional e a assistência técnica na prevenção e na luta contra a corrupção, incluída a recuperação de ativos;

c) Promover a integridade, a obrigação de render contas e a devida gestão dos assuntos e dos bens públicos.

(...).

Artigo 50
Técnicas especiais de investigação

1. A fim de combater eficazmente a corrupção, cada Estado Parte, na medida em que lhe permitam os princípios fundamentais de seu ordenamento jurídico interno e conforme às condições prescritas por sua legislação interna, adotará as medidas que sejam necessárias, dentro de suas possibilidades, para prever o adequado recurso, por suas autoridades competentes em seu território, à entrega vigiada e, quando considerar apropriado, a outras técnicas especiais de investigação como a vigilância eletrônica ou de outras índoles e as operações secretas, assim como para permitir a admissibilidade das provas derivadas dessas técnicas em seus tribunais.

2. Para efeitos de investigação dos delitos compreendidos na presente Convenção, se recomenda aos Estados Partes que celebrem, quando proceder, acordos ou tratados bilaterais ou multilaterais apropriados para utilizar essas técnicas especiais de investigação no contexto da cooperação no plano internacional. Esses acordos ou tratados se apoiarão e executarão respeitando plenamente o princípio da igualdade soberana dos Estados e, ao pô-los em prática, cumprir-se-ão estritamente as condições neles contidas.

3. Não existindo os acordos ou tratados mencionados no parágrafo 2 do presente Artigo, toda decisão de recorrer a essas técnicas especiais de investigação no plano internacional se adotará sobre cada caso particular e poderá, quando seja necessário, ter em conta os tratados financeiros e os entendimentos relativos ao exercício de jurisdição pelos Estados Partes interessados.

4. Toda decisão de recorrer à entrega vigiada no plano internacional poderá, com o consentimento dos Estados Partes interessados, incluir a aplicação de métodos tais como interceptar bens e fundos, autorizá-los a prosseguir intactos ou retirá-los ou substituí-los total ou parcialmente.

(...).

Anexo VI

Decreto nº 5.015, de 12 de março de 2004[98]

Promulga a Convenção das Nações Unidas contra o Crime Organizado Transnacional.

O **PRESIDENTE DA REPÚBLICA**, no uso da atribuição que lhe confere o art. 84, inciso IV, da Constituição, e

Considerando que o Congresso Nacional aprovou, por meio do Decreto Legislativo nº 231, de 29 de maio de 2003, o texto da Convenção das Nações Unidas contra o Crime Organizado Transnacional, adotada em Nova York, em 15 de novembro de 2000;

Considerando que o Governo brasileiro depositou o instrumento de ratificação junto à Secretaria-Geral da ONU, em 29 de janeiro de 2004;

Considerando que a Convenção entrou em vigor internacional, em 29 de setembro de 2003, e entrou em vigor para o Brasil, em 28 de fevereiro de 2004;

DECRETA:

Art. 1º A Convenção das Nações Unidas contra o Crime Organizado Transnacional, adotada em Nova York, em 15 de novembro de 2000, apensa por cópia ao presente Decreto, será executada e cumprida tão inteiramente como nela se contém.

Art. 2º São sujeitos à aprovação do Congresso Nacional quaisquer atos que possam resultar em revisão da referida Convenção ou que

---

98 Publicado no DOU de 15.03.2004.
    Disponível em: http://www.planalto.gov.br/ccivil_03/_ato2004-2006/2004/decreto/d5015.htm. Acesso em: 10 out. 2013.

acarretem encargos ou compromissos gravosos ao patrimônio nacional, nos termos do art. 49, inciso I, da Constituição.

Art. 3º Este Decreto entra em vigor na data de sua publicação.

Brasília, 12 de março de 2004; 183º da Independência e 116º da República.

LUIZ INÁCIO LULA DA SILVA

Samuel Pinheiro Guimarães Neto

Convenção das Nações Unidas Contra o Crime Organizado Transnacional

Artigo 1
Objetivo

O objetivo da presente Convenção consiste em promover a cooperação para prevenir e combater mais eficazmente a criminalidade organizada transnacional.

Artigo 2
Terminologia

Para efeitos da presente Convenção, entende-se por:

a) "Grupo criminoso organizado" - grupo estruturado de 3 (três) ou mais pessoas, existente há algum tempo e atuando concertadamente com o propósito de cometer uma ou mais infrações graves ou enunciadas na presente Convenção, com a intenção de obter, direta ou indiretamente, um benefício econômico ou outro benefício material;

b) "Infração grave" - ato que constitua infração punível com uma pena de privação de liberdade, cujo máximo não seja inferior a quatro anos ou com pena superior;

c) "Grupo estruturado" - grupo formado de maneira não fortuita para a prática imediata de uma infração, ainda que os seus membros não tenham funções formalmente definidas, que não haja continuidade na sua composição e que não disponha de uma estrutura elaborada;

(...);

i) "Entrega vigiada" - a técnica que consiste em permitir que remessas ilícitas ou suspeitas saiam do território de um ou mais Estados, os atravessem ou neles entrem, com o conhecimento e sob o controle das suas autoridades competentes, com a finalidade de investigar infrações e identificar as pessoas envolvidas na sua prática;

(...).

Artigo 3
Âmbito de aplicação

1. Salvo disposição em contrário, a presente Convenção é aplicável à prevenção, investigação, instrução e julgamento de:

a) Infrações enunciadas nos Artigos 5, 6, 8 e 23 da presente Convenção; e

b) Infrações graves, na acepção do Artigo 2 da presente Convenção;

sempre que tais infrações sejam de caráter transnacional e envolvam um grupo criminoso organizado;

2. Para efeitos do parágrafo 1 do presente Artigo, a infração será de caráter transnacional se:

a) For cometida em mais de um Estado;

b) For cometida num só Estado, mas uma parte substancial da sua preparação, planejamento, direção e controle tenha lugar em outro Estado;

c) For cometida num só Estado, mas envolva a participação de um grupo criminoso organizado que pratique atividades criminosas em mais de um Estado; ou

d) For cometida num só Estado, mas produza efeitos substanciais noutro Estado.

(...).

Artigo 20
Técnicas especiais de investigação

1. Se os princípios fundamentais do seu ordenamento jurídico nacional o permitirem, cada Estado Parte, tendo em conta as suas possibilidades

e em conformidade com as condições prescritas no seu direito interno, adotará as medidas necessárias para permitir o recurso apropriado a entregas vigiadas e, quando o considere adequado, o recurso a outras técnicas especiais de investigação, como a vigilância eletrônica ou outras formas de vigilância e as operações de infiltração, por parte das autoridades competentes no seu território, a fim de combater eficazmente a criminalidade organizada.

2. Para efeitos de investigações sobre as infrações previstas na presente Convenção, os Estados Partes são instados a celebrar, se necessário, acordos ou protocolos bilaterais ou multilaterais apropriados para recorrer às técnicas especiais de investigação, no âmbito da cooperação internacional. Estes acordos ou protocolos serão celebrados e aplicados sem prejuízo do princípio da igualdade soberana dos Estados e serão executados em estrita conformidade com as disposições neles contidas.

3. Na ausência dos acordos ou protocolos referidos no parágrafo 2 do presente Artigo, as decisões de recorrer a técnicas especiais de investigação a nível internacional serão tomadas casuisticamente e poderão, se necessário, ter em conta acordos ou protocolos financeiros relativos ao exercício de jurisdição pelos Estados Partes interessados.

4. As entregas vigiadas a que se tenha decidido recorrer a nível internacional poderão incluir, com o consentimento dos Estados Partes envolvidos, métodos como a intercepção de mercadorias e a autorização de prosseguir o seu encaminhamento, sem alteração ou após subtração ou substituição da totalidade ou de parte dessas mercadorias.

(...).

Bibliografia

ANDREUCCI, Ricardo Antonio. *Legislação penal especial.* 6. ed. São Paulo: Saraiva, 2009.

BALTAZAR JUNIOR, José Paulo. *Crime organizado e proibição de insuficiência.* Porto Alegre: Livraria do Advogado, 2010.

CAMILO, Roberta Rodrigues. A infiltração do agente no crime organizado. in: Crime organizado. MESSA, Ana Flávia e CARNEIRO, José Reinaldo Guimarães (coord.). São Paulo: Saraiva, 2012. p. 288-299.

CAPEZ, Fernando. *Curso de direito penal, legislação penal especial.* 7. ed. São Paulo: Saraiva, 2012. v. 4.

CARNEIRO, André Ricardo Xavier. A polícia judiciária no combate ao crime organizado. in: Crime organizado. MESSA, Ana Flávia e CARNEIRO, José Reinaldo Guimarães (coord.). São Paulo: Saraiva, 2012. p. 363-379.

CONSERINO, Cassio Roberto. *Crime organizado e institutos correlatos: série legislação penal especial.* VASCONCELOS, Clever Rodolfo Carvalho; MAGNO, Levy Emanuel (org.). São Paulo: Atlas, 2011.

CURY, Rogério. *Procedimento investigatório e de produção de provas.* in: Crime organizado. MESSA, Ana Flávia e CARNEIRO, José Reinaldo Guimarães (coord.). São Paulo: Saraiva, 2012. p. 276-287.

FABRETTI, Humberto Barrionuevo. *O conceito de crime organizado no Brasil: o princípio da legalidade, a Lei n. 9.034/95 e a Conveção de Palermo.* in: Crime organizado. MESSA, Ana Flávia e CARNEIRO, José Reinaldo Guimarães (coord.). São Paulo: Saraiva, 2012. p. 75-89.

FRANCO, Alberto Silva; STOCO, Rui (coord.). *Leis penais especiais e sua interpretação judicial.* 7. ed. rev., atual. e ampl. São Paulo: Revista dos Tribunais, 2001. v. 1.

GOMES, Luiz Flávio; CERVINI, Raul. *Crime organizado, enfoques criminológico, jurídico e político-criminal.* 2. ed. rev., atual. e ampl. São Paulo: Revista dos Tribunais, 1997.

GOMES, Luiz Flávio et al. *Lei de drogas comentada: artigo por artigo*. 4. ed. rev., atual. e ampl. São Paulo: Revista dos Tribunais, 2011.

GONÇALVES, Victor Eduardo Rios. *Legislação penal especial: coleção sinopses jurídicas*. 8. ed. São Paulo: Saraiva, 2011. v. 24.

GRECO, Alessandra Orcesi Pedro; RASSI, João Daniel. *Crime organizado transnacional e o tráfico internacional de pessoas no direito brasileiro*. in: Crime organizado. MESSA MESSA, Ana Flávia e CARNEIRO, José Reinaldo Guimarães (coord.). São Paulo: Saraiva, 2012. p. 617-648.

JESUS, Damásio E. de; BECHARA, Fábio Ramazzini. *Agente infiltrado: reflexos penais e processuais*. Jus Navigandi, Teresina, ano 10, n. 825, 6 out. 2005. Disponível em: <http://jus.com.br/artigos/7360>. Acesso em: 23 dez. 2013.

LEVORIN, Marco Polo. *Fenomenologia das associações ilícitas*. in: Crime organizado. MESSA, Ana Flávia e CARNEIRO, José Reinaldo Guimarães (coord.). São Paulo: Saraiva, 2012. p. 31-49.

MELIÁ, Manuel Cancio; BARBOSA, Paula Andrea Ramírez. *Crime organizado – tipicidade, política criminal e processo: Brasil, Espanha e Colômbia*. CALLEGARI, André Luís (org.). Porto Alegre: Livraria do Advogado, 2008.

MENDRONI, Marcelo Batlouni. *Curso de investigação criminal*. 3. ed. São Paulo: Atlas, 2013.

_____. *Crime organizado: aspectos gerais e mecanismos legais*. 4. ed. São Paulo: Atlas, 2012.

MESSA, Ana Flávia. *Aspectos constitucionais do crime organizado*. in: Crime organizado. MESSA, Ana Flávia e CARNEIRO, José Reinaldo Guimarães (coord.). São Paulo: Saraiva, 2012. p. 93-116.

MONTOYA, Mario Daniel. *El agente encubierto en la lucha contra el crimen organizado en la Argentina*. Revista de Derecho Penal Procesal Penal y Criminología. Mendoza, v.1, n.2, p. 291-337, 2001.

NEISTEN, Mariângela Lopes. *O agente infiltrado como meio de investigação*. Dissertação de mestrado. Faculdade de Direito da Universidade de São Paulo, 2006.

NUCCI, Guilherme de Souza. *Organização criminosa: comentários à lei 12.850, de 02 de agosto de 2013*. São Paulo: Revista dos Tribunais, 2013.

_____. *Leis penais e processuais penais comentadas*. São Paulo: Revista dos Tribunais, 2006.

PACHECO, Rafael. *Crime Organizado: medidas de controle e infiltração policial*. Curitiba: Juruá, 2007.

PRADO, Geraldo; GOMES, Abel Fernandes; DOUGLAS, William. *Crime organizado e suas conexões com o poder público: comentários à Lei nº 9.034/95 – considerações críticas*. Rio de Janeiro: Impetus, 2000.

SANCTIS, Fausto Martins de. *Crime organizado e lavagem de dinheiro*. São Paulo: Saraiva, 2009.

SCARANCE, Antonio Fernandes. *Crime organizado e legislação brasileira*. Revista Justiça Penal, n. 3, São Paulo: RT, 1995. p. 127-156.

SILVA, Eduardo Araújo da. *Crime organizado: procedimento probatório*. São Paulo: Atlas, 2003.

SILVA JUNIOR, Gaspar Pereira da. *Facção criminosa. in: crime organizado*. MESSA, Ana Flávia e CARNEIRO, José Reinaldo Guimarães (coord.). São Paulo: Saraiva, 2012. p. 127-156.

SMANIO, Gianpaolo Poggio. *Teoria geral do direito penal e a atuação do Estado em face do crime organizado. in*: Crime organizado. MESSA, Ana Flávia e CARNEIRO, José Reinaldo Guimarães (coord.). São Paulo: Saraiva, 2012. p. 196-211.

SOUZA, Carlos Eduardo de. *"Salve geral", convenção de palermo e lei nº 9.034/95. Algumas considerações*. Jus Navigandi, Teresina, ano 14, n. 2.312, 30 out. 2009. Disponível em: <http://jus.com.br/artigos/13766>. Acesso em: 22 dez. 2013.

SOUZA, Luiz Roberto Salles. *A infiltração de agente como técnica de investigação criminal. in*: Crime organizado. MESSA, Ana Flávia e CARNEIRO, José Reinaldo Guimarães (coord.). São Paulo: Saraiva, 2012. p. 237-248.